스 님 ,

어 떤   게

잘 사 는 겁니까

스 님,

어 떤 게

명진 지음

잘 사 는 겁 니 까

사흘 뒤에 죽게 된다면 어떨까.
사랑하는 사람들을 사방에 놔두고
사흘 뒤에 죽게 된다면
너무나 슬프겠지.

삼 년 뒤에 죽는다면 어떨까.
조금이라도 덜 불행할까. 아마도 그럴 것이다.
삼십 년 뒤에 죽는다면 어떨까.

얼마나 오래 살아야 좋은 걸까.
삼백 년 뒤에, 삼천 년 뒤에 세상을 뜬다면 좋을까.
엄청엄청 행복할까.

가까운 친구, 사랑하는 가족들……
자식과 손자, 그 손자의 손자까지 다 죽는데
혼자 죽지 않고 오래오래 산다면 과연 행복할까.

허허……

봄 꽃물이 초여름 뜨락을 적시는 어느 날
어떤 게 행복일까.
여시여시(如是如是)로다!

2018년 5월
기린산 내린천 자락에서
명진

차례

1장

나 는

뭐 하 는

사 람 일 까

흔들려도 괜찮다

나는 아직까지 좌충우돌하며 살고 있다. 그러면서 고민이 쌓이고 물음도 쌓인다. 때로는 답을 찾았고 때로는 답을 찾아 헤맸다. 지금도 물음에 대한 답을 찾으려고 애쓰는데 젊었을 적엔 오죽했을까.

"성철의 목을 쳐 마당 밖에 던졌다. 죄가 몇 근이나 되는가?"

서른 살 무렵 해인사 방장이었던 성철 스님에게 물었다. 지금으로부터 꼭 사십 년 전인 1978년 동안거 법문 때 일이다.

법거량(法擧揚), 자신의 수행이 얼마나 되었는지 선지식(善知識)에게 묻고 답하는 일이다. 불가에서 스승과 제자가 탁마하는 과정의 하나다. 진리를 묻는 법거량은 진검승부다. 묻는 자나 대답하는 자 모두 시퍼렇게 날이 선 작두 위에서 합을 겨룬다. 물음에 답하지 못하는 자는 목이 베인다. 어설프게 묻는 자 역시 목이 날아간다.

"백골연산(白骨連山)이다."

입을 벌린 순간, 죽었다는 말. 성철 스님은 특유의 빠른 진주 사투리로 '백골연산'이란 단검 같은 말씀으로 나를 가차 없이 내리쳤다.

"시끄럽다, 앉아라! 저노무 자슥, 열아홉 살 행자 때부터 알았네, 몰랐네 하고 다니더니 아직도 저러나. 사기꾼 같은 놈!"

법상에 올라 마이크를 잡고 있는 스님과 단 아래서 맨입으로 말하는 것 자체가 대결이 될 수 없다. 게다가 상대는 성철 스님이었다.

하지만 아무리 큰스님이라고 해도 진리가 무엇인지 따져 물을 수 있는 게 불교의 매력이다. 이제 막 출가한 사미나 중 옷도 못 입은 행자라도 상관없다. 진리를 찾고 도를 구하는 데는 그 어떤 전제도 장벽도 없다. 사는 게 막힐 때는 부딪히는 수밖에 없다. 그리고 간절한 자기 물음만 있으면 된다.

인생은 다시 오지 않을 소중한 순간의 연속이다. 그런데 짧다. 너무 짧다. 섬광 같이 찰나 가버린다. 다시 살 수 없는 이 인생의 순간을 살아가면서 왜 남 따라 살아야 하는가. 내 길을 가기에도 모자란 시간이다.

백 년이 채 안 되는 우리 생을 놓고 볼 때 재산이나 지위나 명예…… 그것들이 과연 내 길을 가는 것보다 가치 있는 걸까. 수의에는 주머니가 없다. 결국은 죽는 날 빈손인 게 인생이라면 우리는 대체 어떻게 살아야 할까. 우리는 어떤 가치를 추구하며 살아야 할까. 스스로에게 물어야 한다. 그 물음이야말로 우리 인생의 나침반이다.

우리에게는 그 어떤 길을 가더라도 헤쳐나갈 능력이 있다. 우리가 이 세상에 태어난 것은 이 세상을 어떤 모습으로든 살아갈 수 있기 때문이다. 세상은, 삶은, 염려하고 걱정하는 것보다 막상 부딪혀보면 두려운 게 아니다.

스스로 선택한 길을 가는 자에게는 그 길을 능히 헤쳐나갈 힘과 지혜가 함께한다. 나는 이를 이렇게 말한다.

"내가 나를 물을 때 부처가 온다."

그 어떤 것에도 묶이지 않고, 그 어떤 것에도 걸리지 않고 내가 내 발로 걸어가는 삶, 자유의 삶. 그것이 바로 부처의 길이다.

자유 없는 곳에 행복한 삶이란 없다.

짧은 인생, 자유롭고 당당하고 행복하게 살다 가자.

흔들려도, 넘어져도 괜찮다.

일혼 살,
나 잘하고 있는 걸까

쌀을 슬쩍 씻은 듯한, 뜨물이나 마찬가지인 미음을 한 숟가락 입에 넣자, 그것도 곡기라고 눈물이 핑 돌았다. 2017년 여름 조계종 적폐 청산을 위해 스무날 가까이 단식을 하고 병원에서 첫 회복식을 받았을 때다. 이틀 예비 단식을 했으니 꼬박 스무날, 굶은 셈이다. 그렇게 나마 조금이라도 조계종 개혁에 힘을 보태고 싶었다.

"이게 불교냐?"

많은 재가불자가 일인 시위를 하고 촛불 법회를 열었다. 나는 3차 법회 때 함께 싸우기 위해 재가불자들에게 단식을 하겠다고 약속했다. 다음 날 아침 조계사 법당에 가서 부처님께 참배하려고 했다. 자신들이 지은 죄 때문에 좌불안석인 조계종은 직원들을 총동원해 일주문을 막았다. 예전 같으면 신도들을 동원했을 텐데 이제 신도들은 잘못된 일에는 동원되지 않는다. 시간이 지나면 못난 중들 싸움에 이용당하는 게 부끄럽기 때문이다. 그 자리를 밥줄이 달린 종단 직원들이 대신했다.

본래 절집이라는 게 오는 사람 안 막고 가는 사람 안 붙잡는 곳이다. 그런데 출가해 중노릇 오십 년이나 한 중이 법당에서 참배하겠다는 걸 막는 게 자승 원장이고 그가 수장으로 앉아 있는 게 조계종이다. 기가 막혔다. 들어가려고 하면 뻔히 볼썽 사납게 몸싸움이 벌어질 판이었다. 아마 그러라고 막고 있는지도 모를 일이었다. 일주문 앞에 그냥 자리를 틀고 앉았다. 앉지 못할 데가 어디 있겠는가. 두두물물(頭頭物物) 부처님이 아니 계신 곳 없다고 누누이 얘기해오지 않던가.

기자들이 모여들어 사진을 찍고 야단이 났다. 망신을 주려던 그들이 내가 밀고 들어가지 않고 그 자리에 앉아 있자 오히려 당황했는지 소란스럽게 여기저기 연락하더니 협상을 해왔다. 나 혼자만 조계사 안으로 들어와 법당에서 참배만 하면 길을 열어주겠다고 했다. 대신 수행원이든 기자든 누구도 동행해서는 안 된다는 조건을 붙였다. 평소 같으면 어림없는 얘기였다. 하지만 그날은 관음재일 기도가 있던 날이라 많은 신도가 절을 찾았다. 그들에게 불편을 끼치는 건 도리가 아니다 싶었다. 애시 당초 법당 참배가 목적이었지 다른 뜻은 없었다. 아마도 조계종에서는 내가 조계사 경내에서 단식할 거라고 여기고 긴장했던 모양이다.

법당에서 삼배를 올린 뒤 바로 조계사 옆 우정공원에 돗자리 하나 편 채 자리를 틀고 앉았다. 단식을 결심하고 애초부터 생각한 장소가 우정공원이었다. 단식 장소로 거길 선택한 이유가 있다. 2013년에 자승 원장의 비리를 폭로하기 위해 적광 스님이 기자회견을 하려다 조계종 호법부 중들과 직원들에 의해 끌려 갔던 곳이기 때문이다. 당시 종로경찰서 경찰들이 다섯 명이나 있었지만 그런 폭력적인 불법 납치를 수수방관했다.

자승 원장은 이명박 선거운동 캠프인 747불교지원단의 단장을 지내고, 이상득 의원을 데리고 전국의 사찰을 다니면서 선거 운동을 했던 자다. 이명박이 청와대 행사 때 자승 원장을 자기 동생이라고 소개한 적도 있다고 한다. 이명박의 바통을 이은 박 근혜 정권과의 밀통과 유착이 없고서야 어떻게 백주대낮에 경찰들 앞에서 사람을 납치해갈 수 있겠는가. 그것도 기자들이 지켜보고 있었다. 있을 수 없는 일이다. 절 땅인 조계사 경내가 아니라 문화재청 소관의 우정공원에서 말이다.

불교시민단체에서 폭행이 우려된다며 경찰서에 신고도 했다. 더군다나 적광 스님 자신이 신변 안전 보장을 요구했는데도 경찰은 그 몹쓸 현장을 그저 지켜볼 뿐이었다. 지금도 당시 적광 스님이 십여 명의 깡패 같은 호법부 직원들에 의해 끌려가는 동영상이 유튜브에 게시돼 있다. 언론에서도 이 문제를 비판적으로 다뤘지만 종교 출입 기자가 있는 일간지에서는 거의 다루지 않았다.

깡패 같다는 말 말고 무슨 말을 할 수 있을까. 적광 스님은 그 길로 끌려가 무차별 폭행을 당했다. 본인의 말을 옮기자면 "도살장에 끌려가는 한 마리 짐승 같았다"고 한다. 그들은 스님을 무차별 폭행 후 강제로 절을 떠나겠다는 환속제적원에 지장을 찍으라고 강요했다. 적광 스님은 피 묻은 손으로 지장을 찍었다고 한다. 그 충격으로 적광 스님은 여태 정신병원에서 치료를 받고 있는 상황이다. 이것이 자비를 내세우는 자승 총무원장과 조계종의 민낯이다. 그 외에도 이루 말할 수 없는 부정과 비리가 쌓여 썩은 내가 펄펄 난다.

단식 전 고민이 많았다. 나는 낼모레 우리 나이로 일흔 살이다. 1986년 9·7 해인사 승려대회 사회를 맡으면서 이 길에 나선 후 삼십 년째 이러고 있다. 처음 세상 문제를 고민하고 행동에 나설 때가 삼십대였고, 1994년 조계종 종단 개혁에 나섰을 때가 사십대 초반이었다. 그 후로 이십여 년이 넘었건만 아직도 이러고 있다. 기가 막힐 노릇이지만 가야만 하는 길이다. 덮어둔다고 종단의 부정과 비리가 덮어지지 않는다.

그해 5월부터 한여름까지 내리쬐는 종로 한복판에서 일인 시위를 이어가고 있던 재가불자들 때문에 단식을 결심했다. 조계종의 갖은 문제란 문제는 중들이 다 일으킨다. 불교신도들이 문제를 일으킨 경우는 거의 없다. 그런데도 신도들은 조계종을 바로잡아야 한다며 생업을 접어두고 거리로 나섰다. 촛불혁명으로 정권도 바뀌었고 몇 달 후면 총무원장 선거도 있으니 좀 바뀌지 않겠느냐며 은연 자중할 것을 내게 권한 스님들도 많았다.

하지만 뙤약볕 아래서 날마다 일인 시위를 하고 매주 보신각에서 촛불 법회를 하는 불자들과 시민들을 그냥 두고만 볼 수 없었다. 나 하나가 뭘 한다고 쉽게 바뀌지 않을 줄은 이미 알고 있었다. 속 깊게 중병이 든 조계종은 몇 사람이 나선다고 될 문제가 아니었다. 그래도 해야 할 일, 옳은 일이라면 가야 한다고 생각했다.

어느 영국 기자가 간디에게 물었다.

"당신들은 가진 것도 없는데 독립운동이 성공할 수 있다고 보느냐?"

간디는 명쾌하게 답했다.

"우리가 옳은 길을 가고 있는데 왜 그걸 의심해야 하는가?"

결국 시간이 문제일 뿐 뿌린 대로 거두는 게 세상 이치다. 악업은 그림자처럼 따라다니고 선업은 메아리처럼 울려온다.

수행이란 것은 그 인생의 매 순간을 어떻게 바라보고 대처할지 안목을 닦는 일이다. 다른 말로는 지혜를 닦아나가는 것이다. 열아홉 살에 출가해 칠십 살을 목전에 둔 나, 과연 잘 해온 것일까.

단식 기간 동안 유시민 작가는 평소 잘 알고 있던 누이 유시춘 씨와 몇 차례 지지방문을 와주었다. 그때 유시민 작가는 "파사현정 앞에 못할 말 없다"는 말로 큰 힘이 되어줬다. 유시민 작가는 정치인 유시민일 때보다 훨씬 좋아 보인다. 더 부드럽고 넉넉해 보이고 그래서 그의 말에 귀를 기울이게 되고 설득이 된다. 다 저마다 자기 자리가 있는 모양이다.

나는 과연 어떤 모습이 나다운 모습일까. 그간 세상과 온몸으로 부딪치다 보니 별명도 많이 생겼다. '운동권 스님' '좌파' '독설왕' '청개구리 스님' '그 이름만으로 하나의 사건' 등등. 어느 게 진짜 내 모습일까. 유시민 작가에게 정치보다 글쓰기가 나은 길이듯, 아무리 생각해도 나라는 사람은 투사라기보다 수행하는 사람이다.

1990년대 초 봉암사 선방을 지나다 지대방에서 이런 소리를 듣게 됐다.

"명진, 저 사람 뭐여? 수좌여? 포교사여? 운동권이여?"

그렇지 않아도 '내가 사회문제를 해결하려고 출가했나?' 고민하던 차에 그런 소리를 들으니 부끄럽기도 하고 나름 수좌라고 그 바쁜 와중에도 거르지 않고 선방에 다녔는데 그런 소리를 듣는 게 분하기도 했다.

출가하고 나서 본분이 수행이라 생각하고 절집에서 쓰는 말로 '공부인'이라고 자부하고 살았는데 주변에 있는 스님들 눈에는 그렇게 보이지 않은 모양이었다. 그러면서 내가 정말 분해할 만큼 공부를 치열하게 했나 되물었다. 그것도 아니었다.

출가한 후에 나는 누구이며 뭐하는 사람인지 찾기 위해 애썼고 1980년 광주민주화운동의 진실을 접한 후 사회운동에 나섰다. 하지만 문득문득 '무엇이 제대로 된 길일까.' '내가 이러려고 출가했나.' '세상의 문제를 내가 다 짊어지고 싸울 수도 없고……' 등의 의문이 들었다.

사회문제를 위해 동분서주했을 때도 꼭 일 년에 삼 개월씩 한철은 선방에 들어앉았다. 선방에 가 있을 때가 제일 행복했다. 내가 나를 찾는 공부를 하고 있는 그 순간이 나에게 삶의 의미를 주고 힘을 준다.

예전에 봉은사에서 법문할 때 그런 말을 할 때가 있었다.

"여섯 살 때 어머니를 여의고, 이십대에 세상에 하나뿐이던 혈육인 동생마저 잃고 무상을 느껴 출가했다. 두 분은 나를 수행자의 길로 이끌어주신 불보살임에 틀림없다. 내가 편안하게 살았다면 이 길에 들어섰겠는가. 나는 만일 다음 생에 태어난다면 이번 생과 똑같은 고통을 겪더라도 이 길을 가겠다고 말하고 싶다."

　자승 원장이 터무니없는 이유로 조계종에서 나의 승적을 박탈하는 제적의 징계를 내릴 때 "명진 스님이 제일 좋아하는 게 선방 가는 건데, 선방에 못 가게 하려면 제적을 때려야 한다"면서 징계를 강행했다고 한다. 주변에서 징계하기에 무리가 있다며 만류하자 그런 소리를 했단다. 어리석고 아둔하기 짝이 없는 자다. 평생 자리와 이권만을 쫓고 그것을 위해선 종교인의 자존심마저 버리고 굴신과 아부를 일삼아온 자승 원장이 수행에 대해 알 길이 있겠는가. 무학 대사가 돼지 눈에는 돼지만 보이고 부처 눈에는 부처만 보인다고 했던 것처럼 말이다.

　사회 활동과 선방을 오가던 1990년대 초 다시 어떻게 해야 잘 사는 것인가를 깊이 물었다. 그래서 삼칠일(三七日, 21일) 용맹정진을 결심했다. 묵언을 하면서 하루 스물네 시간 화두가 성성해지도록 물어나갔다. 화두를 놓칠 때도 있었지만 '아 내가 놓쳤구나' 하는 걸 알아차리고 다시 화두를 챙겼다. 그 후, 수행이 선방 안에만 있는 게 아니고 승속이 둘이 아니란 걸 더 분명히 깨달았다. 세속에 나와 있어도 공부를 할 수 있고 산중에 들어 앉아 있어도 세상과 함께할 수 있다. 그 둘 중 어느 하나만 선택하는 일은 어리석은 일이었다. 내가 선방에 가나 안 가나 내 수행에는 차이가 없다. 선방이 수행하는 좋은 여건이 갖추어진 것은 사실이지만 수행을 선방에서만 할 수 있다는 건 잘못된 생각이다.

평생 할 말 다 하고 자유롭게 살던 내가 봉은사 주지를 맡은 뒤, 절 문을 나서지 않고 천일기도를 한다고 했을 때 나를 아는 사람들, 특히 스님들은 백 일도 제대로 못할 것이라고들 했다. 어떤 직책을 맡고 매이고 하는 것을 죽기보다 싫어한다고 여겼기 때문이었을 테다. 그때 내가 천 일 동안 매일 천배를 하면서 기도할 수 있었던 것은 기도하면서 '나는 뭘까'라는 물음을 가지고 수행했기 때문이다.

'절하는 나는 무엇이고 절받는 부처는 무엇인가?' 『금강경』에는 상(象)이 없다고 했는데, 내 앞에 있는 부처는 진정한 부처인가? 다만 부처의 상일뿐이라면 우리는 무엇을 가지고 참된 부처라고 할 것인가?'

천배를 하는 동안 그런 물음이 끊이지 않았기에 천일기도를 완성할 수 있었다. 반대로 제 아무리 선방에 가서 앉아 있더라도 마음이 콩밭에 가 있으면 그건 공부가 아니다.

1994년에 개혁적인 스님들을 중심으로 종단개혁운동이 벌어졌다. 겨울 안거를 마치고 서울로 올라가 나도 힘을 보탰다. 종단개혁의 분수령이 된 4월 10일 범불교도대회 때 나는 연설을 맡아 '이 개혁을 성공시키지 못하면 절집을 떠나겠다'고 선언한 뒤 부처님 전에 가사를 벗어 올렸다. 종단개혁이 성공하여 총무원을 대신한 개혁회의가 꾸려졌고 내 은사 스님이신 탄성 스님께서 개혁회의 상임위원장을 맡았다. 김영삼 정부였을 때다. 그대로 있으면 내가 '소통령'이라 불렸던 김현철이 될 것 같았다. 그래서 비서실장 격인 사서실장 하라는 걸 마다했다. 주변 스님들은 소위 말하는 돈 되는 큰 절 주지를 맡으라고 하기도 했다. 모두 거절했다. 수행하는 사람이 닭 벼슬보다 못한 벼슬이나 탐하고 있을 수 없다는 생각이었다.

그러나 끊임없이 종단개혁세력은 나에게 역할을 주문했다. 묶이는 걸 딱 질색하는 터라 상근하는 것은 뭐든 안 맡으려고 했는데 수경 스님 등이 권해서 종회의원을 하게 됐다. 종회의원은 비상근직이어서 자유롭다고 했다. 그러나 그 마저도 체질에 맞지 않았다. 늘 회의감이 가슴 한구석에 있었고 불미스러운 일이 생겨 그만뒀다. 그 뒤에 봉은사 주지를 맡아 파란만장한 시절을 보내게 됐다. 물론 이명박 정권의 압력과 종단의 결탁으로 더 많은 고초를 겪었다. 봉은사에서 나온 뒤에도 종단 비판을 멈추지 않았다. 그래서 결국은 조계종으로부터 승적을 박탈당했다.

얼마 전 〈우리가 남이가〉라는 TV 프로그램에 출연한 적이 있다. 그때 승적을 박탈당했다고 하니, 나보고 '프리랜서'란다. 틀린 말은 아니다. 출가 오십 년 만에 출가하기 전 첫 자리로 돌아온 셈이다. 자리만 그런 게 아니다. 출가 때의 마음으로 살아왔는지 되돌아보고 있다. 나는 '첫 마음'으로 돌아왔다.

대충 밴드 붙인다고
아픈 데가 낫냐

그리스 시인 카잔차키스는 어느 날 길을 가다가 누에고치에서 빠져나오려고 애쓰는 나비를 발견한다. 그는 나비가 고치에서 더 쉽게 빠져나올 수 있도록 입김을 불어넣는다. 나비는 고치에서 보다 쉽게 빠져나와 날갯짓을 했으나 얼마 지나지 않아 죽고 만다. 카잔차키스는 자책했다. 나비는 자기 힘으로 그 고치를 뚫고 나와야 했다. 그것은 시간이 걸리고 힘든 일이다. 나비를 도와준다는 게 결국은 나비가 세상을 살아갈 힘을 기를 기회를 박탈한 셈이 됐다. 나비의 삶만 그럴까. 누구나 오로지 자기 힘으로 감당해야 할 삶이 있다.

나는 어릴 때 어머니를 잃고 초등학교만 여섯 번 전학을 다닐 정도로 떠돌면서 '나는 왜 이렇게 사는 게 힘들까' 하고 고민했다. 독실한 기독교인이었던 새어머니는 나를 종종 교회에 데리고 갔다. 나는 목사님에게 물었다.

"왜 세상은 공평하지 않나요? 친구들은 다 부모랑 같이 행복하게 사는데 나는 왜 떠돌아다니며 살아야 하나요? 왜 누구는 행복하고 누구는 왜 불행할까요?"

목사님이 답했다.

"너를 큰 인물로 만들기 위해서 하나님이 시험에 들게 하는 거야."

어린 나는 이해하기 힘들었다. 그런 시험은 치기도 싫은데 왜 나만 시험을 쳐야 할까 하는 생각에 가슴팍이 퍽퍽했다.

고등학교 삼학년 때, 무주군 설천면에 있는 관음사라는 절에 가서 공부를 한 적이 있다. 나는 그때까지 불교에 대해 전혀 몰랐다. 법당 안에 있는 불상을 보며 생각했다.

'아이고, 노란 할배가 앉아서는 할매들 쌀이나 받아먹으려 하네.'

하숙생처럼 절 밥 먹으며 지내던 어느 날 스님에게 물었다.

"스님, 왜 어떤 사람은 행복하게 살고 어떤 사람은 괴롭게 사는 걸까요?"

스님은 답했다.

"전생에 지은 업을 지금 받는 거지."

운명은 정해져 있는 게 아니라 스스로 만들어 간다는 그 말에 마음이 끌렸다. 삶의 문제와 고통을 이겨내는 힘이 내 안에 있었다.

한때 힐링 열풍이 불었다. 사는 게 얼마나 힘들면 그럴까 안쓰러운 마음이 들다가도 그 위로가 얼마나 허망한지를 돌이켜 보게 된다. 상처가 몇 마디 말로 어루만져서 치유될 리 없다. 내장이 터지고 사지가 절단나는데, 대충 연고 바르고 대충 밴드 붙인다고 아픈 데가 나을 리가 없다.

가만히 보면 자아실현이라는 말이 요즘은 '좋은 직업을 갖는 것'으로 묘하게 바뀌어 사용되고 있다. 여기서 말하는 좋은 직업이란 많은 소득과 높은 지위를 보장하는 직업이다. 물론 좋은 직업이 인생에서 아주 중요한 요소이기는 하지만 치열한 고민과 성찰 속에 스스로 실현한 제 모습이 아니라면 살면 살수록 '내가 생각한 건 이게 아닌데……' 하는 괴리감과 공허함에 시달리며 방황하게 된다.

"그렇다면 아플 때는 어떻게 해야 하나요?"

누군가 내게 물을 때면 나는 중국 당나라 때의 황벽 선사가 쓴 시 한 구절을 소개한다.

"무릇 한 번 뼈에 사무치는 추위가 아니고서는(不是一番寒徹骨)/ 어떻게 매화가 코를 찌르는 향기를 얻을 수 있을까(爭得梅花撲鼻香)."

우리의 진짜 문제는 겨울이 아니다. 겨울을 어떻게 보낼 것인가 스스로에게 질문을 던지는 것이다.

나는 아직 모르는 게 많다. 하나 아는 게 있다면 기쁨이 십 그램이면 슬픔도 십 그램이라는 사실이다. 인생에서 기쁘고 나쁜 일의 총량은 같다. 조금의 차이도 없다. 기쁨은 좀 더 오래 붙들려 하기 때문에 도리어 더 달아나고 슬픔은 빨리 벗어나려 하기 때문에 도리어 더 달라붙는 성질이 있다. 기쁨이 짧고 슬픔이 길게 느껴지는 이유가 거기에 있다.

쉽게 떨쳐낼 수 없는 아픔이 찾아왔을 때, 어떻게 해야 할까. 야박하게 들리겠지만 결국 그 힘든 삶은 자기 안에서 시작됐기 때문에 내가 해결해야 한다. 예수도 부처도 그 문제를 대신 해결해줄 수 없다. 어차피 산을 오르다 보면 미끄러지기도 하고 돌부리에 넘어질 때가 있다. 다시 일어서 땀을 뻘뻘 흘리며 걷는 도리밖에 없다.

고통은 떼어내려야 떼어낼 수 없다. 떼어내려고 하면 더 커지고 받아들이면 작아진다. 자기파괴적이지만 않다면 고통도 괜찮다. 고통은 우리를 아프게 하면서 동시에 우리를 깊게 만든다. 인간은 고통스러울 때가 되면 생각을 한다.

'나는 왜 이렇게 힘들까.'

'이렇게 힘든 삶을 왜 살아야 하는 걸까.'

자기 안에서 우러나오는 질문들은 지친 삶과 맞서는 힘이다.

무주 관음사에서 지내던 열아홉 살 때, 만행 중이던 한 스님을 만나 이야기 나눈 적이 있다. 스님은 내게 물었다.

"너 자신이 누군지도 모르고 사는 게 무슨 인생이냐? 대학을 가면 뭐하고, 영어를 많이 알고 수학 공식을 많이 알면 뭐하느냐?"

나는 전기에 감전된 것 같은 충격을 받았다. 그 물음 때문에 모든 것을 정리하고 출가했다.

어머니를 일찍 여읜 것, 어렸을 때 고생한 것, 하나뿐인 동생을 잃은 것, 그런 고통들이 모두 이 소중한 물음을 만나기 위한 거라고 생각하면 그게 무슨 괴로움이었겠는가. 부처님의 법을 만나기 위해서 겪어야 될 하나의 과정이었을 뿐이라고 생각한다.

이십사절기에서 봄이 시작된다고 하는 입춘은 보통 양력 2월경이다. 겨울의 한가운데에서 봄은 이미 시작되고 있다. 진정 행복하길 바라는가. 우리의 고된 일상 속에도 봄은 있다.

사는 게 뭐 있나?

대학에 강연하러 갈 때가 있다. 어느 날은 대학 측에서 플랜카드를 만든다고 강연 제목을 미리 알려달라고 했다. 이런저런 생각을 하다가 "혁명적 이단아가 되자"고 무심코 던져놓았다. 뒤돌아서 곰곰이 생각해보니까 혁명도 부담스러운 데 거기다가 이단아까지 되자니 더 버거운 느낌이 들었다.

'이단(異端)'은 주로 부정적인 의미로 많이 쓰인다. 그러나 고대에는 이단이라는 단어가 지금과 달리 쓰였다. 이단의 의미를 지닌 영어 '헤레시(Heresy)'나 이단자를 뜻하는 '헤레틱(Heretic)'은 '선택하다' '고르다'라는 뜻을 가진 헬라어와 라틴어에 어원이 있다. 다신교가 존중되던 고대에는 어떤 신을 섬기고 어떤 사상을 품든 배척할 견해가 아니었다. 일신교가 지배적인 종교가 되면서 갈수록 '선택'을 옳고 그른 이분법으로 제단하게 됐다.

혁명적 이단아가 되자는 말은 고정관념이나 고정된 삶의 틀을 따르지 말고 스스로 고르고 선택하는 삶을 살자는 의미다. 인간의 역사에 큼지막한 족적을 남긴 사람들 중에는 이단아가 많다. 지동설을 주장하여 화형에 처한 브루노 신부나 『유토피아』를 쓴 토마스 모어가 그런 부류였다. 토마스 모어는 영국 하원의장과 재상까지 지냈으나 세속인은 영적 지도자가 될 수 없다는 소신을 굽히지 않아 결국 처형을 당했다. 그는 참수를 당하기 전 "내 목은 아주 짧으니 조심해서 자르게"라는 말을 내뱉을 정도로 독특한 사람이었다.

예수도 당시 지배 문화였던 유대교를 거부하고 비판했다. 부처는 지금도 존재하는 인도의 카스트제도를 부정했다. 또한 누구나 성직자가 될 수 있다고 했다.

"출생을 묻지 말고 행위를 물으십시오. 어떤 땔감에도 불이 생겨나듯, 천한 집에서 태어난 사람이라도 믿음이 깊고 부끄러워할 줄 알고 뉘우치는 마음으로 행동을 삼가면 고귀한 사람이 되는 겁니다."

누구나 태어나는 순간 울음을 터트린다. 그리고 자라나 어린 시절을 보내고 초등학교, 중학교, 고등학교, 대학교를 졸업한다. 사회에 나와서 취직하고 돈도 벌고 결혼도 한다. 때로는 즐거운 일도 어려운 일도 겪으면서 살아간다. 그런데 어느 날 보니 머리는 새하얗고 얼굴에는 주름이 가득하다. 우리는 그것을 인생이라고 부른다. 요즘에는 그 늙어가는 과정 자체가 복잡해졌다. 좋은 유치원 더 좋은 초등학교에 가야 하고, 영어 학원 수학 학원 등 여러 학원을 다녀야 하고, 대학교에 가면 스펙을 쌓는다고 밤을 설치고 겨우 직장을 잡으면 그 안에서 또 치열하게 삶의 경쟁을 해야 하고…… 이게 과연 청춘인가. 다른 길은 없을까. 생각만 해도 가슴이 설레는 그런 길 말이다.

흔히 인생에서 청춘을 황금 시절이라 부르는데, 이렇게 재탕하고 삼탕하는 삶을 살아서는 청춘이라 부를 수 없다. 그렇지 않아도 우리는 태어난 순간 늙어가고 있고 동시에 죽어가고 있다. 그래서 나는 나이가 적다고 청춘이라 부르지 않는다. 기성의 권위와 전통이라는 틀을 비판 없이 따라다니는 사람은 청춘이 아니라 노인이다. 잘 닦인 길 말고 다른 길은 없는가 묻고 부정하고 도전하면서 부딪칠 수 있는 용기가 이단의 정신이고 청춘의 정신이다.

물론 우리 사회 분위기는 청춘을 청춘답게 살 수 없게 만든다. 속담에 이런 말도 있지 않은가. "모난 돌이 정 맞는다"고. 남들과 다른 소리를 하는 사람, 제 목소리 크게 내는 사람, 바른말 하는 사람에게 눈치를 주고 또 배척할 때가 있다. 학교에서, 직장에서, 정치권에서. 그저 조직 내에서 기계 부품처럼 묵묵히 제 할 일을 열심히 하는 사람을 최고로 치는 경우가 더 많다.

월악산 보광암에 지낼 때 장작을 쪼개 군불을 피우곤 했다. 장작을 쪼개다 보면 나무마다 결이 있다. 그 결에 맞춰 도끼질을 하면 쉽게 쪼개지는 데 딴 곳을 치면 영 쪼개지지 않는다. 사람도 각자의 결이 있다. 사람의 기질은 모두가 다르다. 지문이 같은 사람이 없는 이유는 우리가 저마다 다르게 살아야 한다는 의미다.

절집에 이런 말이 있다. 장부자유충천기 불향여래행처행(丈夫自有衝天氣 不向如來行處行), 대장부에게는 스스로 하늘을 찌를 듯한 기상이 있으니 부처가 간 곳을 따라가지 않겠다는 뜻이다. 인생은 결국 제 길을 가는 것이다. 그러기 위해서는 먼저 자신을 알아야 한다. 스스로 그 길이 맞는지, 과연 잘 가고 있는지, 그 길은 가는 나는 또 누구인지 묻고 물어야 한다. 이런 물음이 없다면 길을 가더라도 결국은 갈지자걸음을 걷게 된다.

모두가 달달한 수박이 될 필요는 없다. 호박에 줄을 그어 수박이 되려고 하지 말자. 호박이 존재하는 건 호박이 필요하기 때문이다. 호박으로서의 자존을 가지고 살아가도 충분하다. 다들 화려한 수박이 되고자 한다면 한겨울 몸을 따뜻하게 해줄 호박죽 같은 사람도 존재할 수 없다.

사는 게 뭐 있나. 내 꿈을 꾸고 내 발로 걷고 내 옷에 맞는 옷을 입고 내 입으로 밥을 떠 넣으면 된다. 내 짐도 스스로 지고 내가 넘어진 데서 일어서면 된다. 그 일을 잘하기 위해서는 무엇보다 자기 머리로 생각할 수 있어야 한다.

어떤 게 복이고
어떤 게 화인지

열아홉에 나는 해인사 성철 스님 문하에서 공부를 하다 계를 받기 닷새 전에 짐을 싸서 나왔다. 최고의 스님이라 불리던 성철 스님의 제자가 되는 것은 당시 대단한 영광이었다. 나는 내 자신을 몰라 나를 찾기 위해 출가했다. 나는 마음이 급하기만 했다. 빨리 '나'에 대해 알고 싶었다. 그걸 알기 위해서 선방에 가서 공부를 하고 싶었는데 성철 스님께서는 늘 경전 공부를 하라고 했다. 경전을 보려면 일본어 공부를 해야 한다면서 여러 차례 강권했다.

"일본 사람들이 경전 번역은 제일 잘해 놓았는기라. 경전을 보려면 일본어를 알아야 한데이."

"달마가 일본어를 했습니까, 육조가 일본어를 할 줄 알았습니까? 저는 일본어 안 배우겠습니다."

이렇게 대들고 나를 두들겨 패려는 성철 스님을 피해 밖으로 도망쳤다. 나는 우물쭈물하다가 얻어터지는 사람이 아니다. 아마 성철 스님 면전에서 말대꾸하거나 도망 다니는 사람은 나밖에 없었을 것이다. 어쨌든 일여 년을 흘려보내고 계를 받게 됐다. 그때 이런 생각이 들었다. '여기는 내가 있을 데가 아니다.' 그래서 보따리를 쌌다.

그때 성철 스님의 말을 들었으면 어땠을까. 내 삶의 각도가 몇 도 정도나 달라졌을까. 성철 스님은 해인사를 뛰쳐나온 나를 찾으려고 스님들을 각지에 보냈다고 한다. 해인사를 나온 나는 '도인'이라 불리던 전국 각지의 스님들을 만나러 다녔다. 굳이 스님이 아니더라도 도력이 높다는 분이 있으면 어디든 쫓아다녔다.

제대하고 다시 출가를 준비하고 있을 때다. 동생은 나와 네 살 터울이었다. 동생도 나이가 되어 군대에 가야 할 시기가 됐다. 동생은 악기를 참 잘 다루었다. 특히 바순을 잘 불어서 배문고등학교 밴드부 악장까지 했다. 해군 군악대에 가고 싶어 하던 동생은 해군에 지원했다. 입대를 앞둔 동생이 내게 물었다.

"형, 절에 안 가고 나랑 같이 살면 안 돼?"

이 대화가 동생과 나눈 마지막 대화가 될 줄 몰랐다.

1974년 2월 22일 통영 앞바다에서 해군 예인정(YTL30호)이 침몰했다. 나는 명동에서 친구들과 점심을 먹으며 라디오를 통해 그 소식을 들었다. 삼백 명이 넘는 해군 훈련병 가운데 백육십 명이 죽거나 실종됐다는 긴급 속보가 흘러나왔다. 나는 설마 내 동생이 죽었으랴 생각하고는 마저 밥을 먹었다. 저녁 늦게 집으로 들어가니 불이 환히 켜져 있고 일가친척들이 다 모여 있었다. 동생이 실종자 명단에 있다는 날벼락 같은 소식을 들었다.

사흘 뒤에야 시신이 발견되었다는 연락이 왔다. 진해 해군 통제소 강당에는 바다에서 건진 시신들이 줄줄이 눕혀 있었다. 그곳은 아수라장이었다. 훈련병 가족들 천여 명이 몰려들어 자식과 형제를 찾고 있었다. 동생이 거기 있었다. 키가 큰 동생은 고개를 비스듬히 하고 관 속에 누워 있었다.

그때 동생 모습은 내가 살아 있는 동안에는 잊지 못할 것이다. 다정한 목소리로 '형.' 하고 부르며 쫓아다니던 동생을…… 나는 제정신이 아니었다. 원망 때문에 진해에서 해군복을 입은 사람들만 보면 주먹을 휘둘렀다. 몇 번이나 경찰서로 끌려갔다가 유가족인 걸 확인하고 풀어줬다. 그 어떤 말로도 표현할 수 없는 슬픔이 마음을 찢어놓았다. 사십구재를 지내며 매일 서울 현충원에서 술 마시고 울었다. 저녁이면 묘지를 관리하는 군인들이 와서 그만 울고 가라며 문밖으로 내보냈다. 나중에는 위장이 상해 목에서 피가 넘어왔다. 그때 한세상 살면서 울 건 다 운 것 같다. 많은 사람이 내게 독한 구석이 많다고 하지만 동생이 죽은 2월이 되면 지금도 가슴이 먹먹하다.

그로부터 사십 년 뒤 세월호 참사가 일어났다. 나는 하안거(夏安居) 해체 후에야 유가족을 찾아갈 수 있었다. 그분들 앞에서 나는 무릎을 꿇었다. 저절로 그렇게 됐다. 눈물을 참느라 정말 애를 먹었다. 동생을 떠나보낸 아픔이 있기에 그 고통을 조금이나마 이해할 수 있었다. 자식을 잃은 부모 마음을 무슨 재주로 위로할 수 있을까. 그저 죄지은 마음이었다.

『삼국유사』에는 혜통 스님 이야기가 있다. 그는 출가 전 냇가에서 수달 한 마리를 잡아 삶아먹었다. 살가죽만 붙어 있는 뼈더미는 마당 한쪽에 던져 버렸다. 이튿날 아침 수달의 뼈가 온데간데 없이 사라지고 핏자국만 남아 있었다. 길게 이어진 핏자국을 따라 가보니 굴속에 그 수달이 새끼 다섯을 감싸 안고 있었다. 부모와 자식은 그런 거다. 미물에 불과한 수달도 새끼에 대한 사랑이 있다. 피어보지도 못하고 죽은 자식을 생각하는 부모를 위로할 방법은 없다.

동생을 잃고 나는 살아 있을 때 더 잘해주지 못한 게 내내 마음에 걸렸다. 왜 그때 더 잘해주지 못했을까…… 삶이란 그렇다. 잃고 나서야 그 소중함을 깨닫게 된다.

우리는 거창한 행복을 찾지만 곰곰 생각해보면 행복은 그리 크지도 아니고 멀리 있지도 않다. 우리는 어리석기 때문에 금세 잊어버린다. 곁에 있는 수많은 행복을 외면하고 멀리 있는 행복을 좇는다. 사는 건 자기 앞에 오는 여러 삶의 형태들 속에서 배우고 깨닫는 일의 연속이다. 어떻게 맑은 날만 계속되겠는가. 비오는 날도 있고 폭풍우 치는 날도 있다. 맑은 날만 계속된다면 세상은 사막이 되어버린다. 태풍이 와서 세상을 한 번 뒤집어야 생태계가 건강하다.

우리는 어떤 날에도 어떻게든 살아가야 한다. 인생을 살다 보면 많은 일을 받아들여야 하는 순간이 온다. 이때 나아가야 할 때 나아가고 물러나야 할 때 물러나고 맞서야 할 때 맞서고 받아들여야 할 때 받아들일 줄 아는 지혜가 필요하다. 이 지혜는 단박에 생기지 않는다. 힘들더라도 실패하고 좌절하는 과정에서 배울 수밖에 없다. 부처도 "최상의 행복이란 삶에서 다양한 흥망성쇠를 마주함에도 마음의 균형을 유지하는 능력"이라고 하지 않았던가.

인생의 길흉화복은 우리가 알 수 없다. 아무리 계획을 세운들 계획대로 되지 않는다. 만약 내 동생이 해군에 가지 않았다면 사고가 없었을까. 그것도 모를 일이다. 알 수 없는 인생길, 어떤 게 복인지 화인지 알 길 없다.

죽음이 와도
또 미루시렵니까

어느 날 원타 스님이 말했다.

"스님처럼 할 말 다 하고 하고 싶은 대로 다 하고 사는 사람도 별로 없을 겁니다."

나는 해야 할 말은 다 하고 산다. 입을 열어 싸울 때는 싸우고 다물 때는 다문다. 나를 잘 아는 불자가 내게 '왕따 스님'이라고 한다. 나보다 나이 많은 스님들은 내가 속 긁는 소리할까 봐 피하고 나보다 나이 적은 스님들은 싫은 소리 들을까 봐 꺼린다.

이런 일도 있었다. 법전 스님이 『육조단경』을 가지고 법문을 하게 됐다. 성철 스님이 "법전이만큼 공부 잘한 사람 누가 있노?" 하며 법전 스님에게 법문을 맡기게 된 후였다. 법전 스님이 법상에 올라가 앉아 죽비를 치자마자 내가 벌떡 일어났다.

"선원의 지객(知客)을 보는 명진입니다. 『육조단경』을 설하신다고 하는데 단경의 참뜻은 언어나 문자에 있지 않습니다. 육조의 진면목을 한마디 이르시고 단경을 설하십시오."

그러자 법전 스님이 조용히 말했다.

"그것은 나중에 방장 스님께 물어보도록 해."

나는 물러서지 않았다.

"청정한 대중의 삼배를 받고 법상에 오른 법사가 대답을 해야지 어째서 방장 스님께 미루십니까? 스님한테 죽음이 다가와도 그걸 방장 스님한테 미루시렵니까?"

스님은 더는 상대를 하지 않을 작정인지 가만히 있었다.

나도 누구에게 그렇게 당할지 모른다. 어느 보살, 거사에게 당할지 어느 사미에게 당할지 모른다. 그러나 권위를 내세우거나 체면을 세운다고 인생의 문제를 외면하면 아무것도 해결되지 않는다. 나는 출가해서 지금까지 계속 묻고 있다. '내가 과연 중노릇을 제대로 하고 있는가.'

선방에서 수행할 때도, 수행자가 세상일과 무관하게 사는 게 옳은가 고민할 때도 물음을 품는다. 그게 정신을 똑바로 차리고 사는 방식이라 나는 생각한다.

심리학자 칼 융은 이런 질문을 던졌다.

"인간은 원숭이도 암소도 나무도 아니다. 나는 하나의 인간이다. 그런데 인간은 도대체 무엇이란 말인가."

인간을 무엇이라 명확하게 규정하기는 어렵다. 똑같은 상황에서도 각기 다른 모습을 보이기 때문이다. 같은 명령에도 따르는 이가 있고 거스르는 이가 있다. 어떤 이는 자기만을 위해 행동하지만 손해를 보더라도 타인을 위해 행동하는 이도 있다. 무엇이 잘 사는 걸까. 나는 인간답게 사는 게 잘 사는 거라고 생각한다. 인간답게 산다는 말 속에는 가치 있게 산다는 말이 담겨 있다.

그렇다면 가치 있는 삶은 무엇일까. 로버트 프로스트는 두 갈래 길 가운데 하나를 선택하면서 삶이 달라졌다고 노래했다. 갈림길 가운데 어느 한쪽을 선택하는 게 세계관이다. 같은 물을 마셔도 독사가 마시면 독이 되고, 소가 마시면 우유가 된다. 같은 칼을 휘두를지라도 활인검(活人劍)이 될 수도 살인검(殺人劍)이 될 수도 있다.

잔혹하기 그지없는 홀로코스트에서 살아남은 이탈리아 작가 프리모 레비는 『이것이 인간인가』에서 "우리가 노예일지라도 아무런 권리도 없을지라도 갖은 수모를 겪고 죽을 것이 확실할지라도 우리에게 한 가지 능력만은 남아 있다. 마지막 남은 것이기 때문에 온 힘을 다해 지켜내야 한다. 그 능력이란 바로 그들에게 동의하지 않는 일이다"라고 했다.

오늘을 사는 우리 역시 마찬가지다. 촛불혁명으로 정권이 바뀌었고 남북 화해 분위기도 조성됐지만 여전히 우리는 욕망이 인간을 압도하는 자본주의 사회에 살고 있다. 대기업은 정치권에 뒷돈 줄 돈은 있어도 노동자의 임금은 못 올리겠다고 하고, 집 있는 사람보다 집 없는 사람이 더 많은 사회. 이 사회에서 살아가기 위해서는 이 속에서 함께 물결쳐야 한다. 그리고 더 '부동의'해야 한다. 그 부동의란 무비판적으로 시류와 관습에 따르는 게 아니라 '어떻게 살 것인가.' 하는 자기 물음을 갖는 것이다. 성공과 출세를 위해서 어떤 일도 하는 이 세상에서 우리가 반드시 가져야 할 질문이다.

호리지차 천리현격(毫釐之差 千里懸隔)이라 했다. 승찬 선사가 쓴 『신심명』에 나오는 글귀다. 처음에는 대단치 않은 것 같으나 나중에는 큰 차이가 생긴다는 뜻이다. 터럭만 한 차이가 천양지차(天壤之差)로 나타난다는 말은 우리의 선택이 가져오는 인생의 변화를 의미한다.

인생은 매 순간이 선택이다. 선택과 선택이 모여 한 사람의 인생이 된다. 무엇을 취하고 버릴지 판별할 수 있어야 좋은 선택이 가능하다. 부동의의 철학을 가지고 좋은 선택할 때 행복할 수 있다. 때로는 포기할 줄도 알아야 하고 내 길이 올바른지 물을 줄도 알아야 한다.

우리가 살면서 걷는 길이 반드시 이기는 길이라서 가는 게 아니다. 백 번 지더라도 옳기 때문에 가는 길도 있다. 옳은 길을 가면서 사회적 성공도 할 수 있으면 좋겠지만 꼭 그렇지 않더라도 옳은 길을 간다면 그것은 이미 성공한 삶이라고 생각한다. 사회적으로 이루는 것보다 더 중요한 게 '한 인간으로서 올바르게 살았느냐'다. 인생의 끝자리에서 돌아볼 때 무엇을 이루고 이루지 않았고 하는 것보다 그 순간 내가 바른 선택을 했는지 못했는지가 더 크게 다가온다고 한다. 묵묵히 자기 길을 가는 게 삶이다. 그 길을 가다 보면 때로는 시절인연(時節因緣)이 닿아 현실에서 성공할 수도 있지만 그것에 매달릴 필요는 없다. 인생이 꼭 높은데 오르고 많은 걸 이뤄야 잘 사는 건 아니기 때문이다.

나는 앞으로도 옳은 길을 기준 삼아 살 것이다. 옳은 길을 간다면 실패하더라도 길은 남는다.

누구나 전성기가 있다. 나에겐 봉은사 주지를 맡았을 때가 아닐까 싶다. 봉은사를 외압할 때 맞서지 않았다면 나는 불교계에서 큰스님 소리를 들으며 승승장구했을 것이다. 그때의 선택이 잘못됐다고 얘기하는 분들이 많다. 봉은사에 있을 때 이명박정부와 많이도 싸웠다. 그러나 후회하지 않는다. 싸우지 않고 타협했다면 편하게 살았을 수도 있지만 그 길은 옳음을 버리는 길이고 부정에 동의하는 삶이다. 부처도 "정의를 따르다 이익을 얻지 못하는 것은 정의롭지 못하면서 이익을 얻는 것보다 낫다"고 말했다.

조계종에서 승적을 박탈하는 징계를 내렸을 때도 같았다.

타협할 것인가. 처음으로 돌아갈 것인가.

선택이 삶의 가치를 결정한다. 올바른 선택을 하려면 지혜가 있어야 한다.

컵의 물이 절반이 차 있을 때 이를 어떻게 볼 것인가.

지혜는 멀리 있지 않다.

정신 차려!

묘비명을 생각해본 적 있는가. 묘비명을 생각하며 산다는 것은 죽음을 삶 가까이에 두고 산다는 의미기도 하다. 요사이 '카르페 디엠' '메멘토 모리' '아모르 페티' '욜로'까지 삶과 죽음의 문제를 통찰한 말이 유행이다. 성공만을 위해 정신없이 달리다 보면 어느새 삶은 모래처럼 손에서 다 빠져 나가버린다. 이룬 것이 많다고 생각했지만 가슴은 허전하기만 하다. 그래서일까. '죽음 체험'을 통해 삶을 되돌아보는 프로그램도 생겼다. 버킷리스트를 작성해 죽기 전에 하고 싶은 일을 해나가는 사람도 많다.

죽음 체험 프로그램 참가자들은 가짜 관에 한 번 누웠다 일어나면 펑펑 울거나 마치 죽은 듯 서늘한 느낌을 받는다고 한다. 그 경험은 이들의 삶을 변화시킨다. 달라진 것은 아무것도 없다. 달라진 것이 있다면 세상을 바라보는 눈 하나다. 어떻게 바라보느냐에 따라 삶의 태도와 모습이 바뀐다. 그래서 생각이 중요하다.

　나는 크게 욕심을 가지고 살지 않는데다가 늘 긍정적으로 생각하는 편이라 스트레스를 잘 받지 않는다. 수영이나 등산 같은 운동을 오래 해와서 동년배들에 비해 건강한 편이다. 보드도 배웠고 얼마 전까지만 해도 달 좋은 날에는 혼자 텐트를 치고 비박하는 것을 즐겼다.

　세월 앞에는 장사가 없다. 나이가 드니 몸 이곳저곳이 고장나기 시작한다. 어느 날은 이가 안 좋다. 그때는 이만 안 아프면 살겠다 싶은 생각이 든다. 한 번은 어깨가 말썽이었다. 운동을 무리하게 해서 어깨 근육이 다쳤는지 왼쪽 손을 어깨 위로도 못 올릴 지경이었다. 세수도 못하고 혼자 옷 입기도 어려웠다. 일상 생활을 제대로 할 수 없으니 고통이 이만저만이 아니었다. 자연스레 '어깨만 안 아프면 살겠다'는 생각이 들었다. 그 어깨가 나을 때가 되니 이번에는 무릎이 시원치 않아 걸을 때마다 시큰거린다.

　우리는 늙고 나서야 건강한 게 얼마나 큰 복인지 알게 된다. 나도 몇 번 아프고 나서야 '야, 사는 게 별거 아니구나. 몸 성히 지내는 것만도 무량대복이구나.' 깨닫게 됐다. 사람 몸뚱이라는 게 세월이 가면 아플 수밖에 없다. 그러나 머리로는 알아도 몸으로 겪지 않으면 그리 절실하게 다가오지 않는다.

　몸 어디 한군데가 고장나면 그게 신호다. 그때 알아차려야 한다. 몸이 보내는 신호, 얼마 남지 않았다는 그러니까 좀 더 정신을 차리고 살라는…… 그 신호를 알아차리고 사는 게 잘 사는 일이다.

　나는 법회 때 정신 차려야 한다는 말을 자주한다.

　"정신 차려!"

　어떤 게 정신 차리고 사는 것인가. '나는 뭔가.' '사는 건 뭐고 죽는 건 뭘까.' 물을 때다.

　회를 즐겨 먹는 일본 사람들은 복어회를 최고로 꼽는다고 한다. 복어회를 먹다 매년 여러 명이 사고로 죽어도 일본 사람의 복어 사랑은 멈출 줄 모른다. 최고의 솜씨를 가진 요리사들은 사람의 입술이 찌릿한 정도의 아주 미량의 독을 복어에 남겨놓는다. 죽음의 경계에 슬쩍 다가가는 쾌감을 잊지 못해 복어회를 먹고 죽는 사람도 왕왕 생긴다.

　일본에서는 복어 중독으로 죽으면 며칠 기다렸다가 매장한다. 죽었다고 생각한 사람들이 가끔 깨어나는 경우가 있기 때문이다. 복어에 중독되었다 살아난 사람들은 장례식장 혹은 매장 직전에 자신이 얼마나 공포스러웠는지 증언한다. 그들은 한결같이 살아 있는 신호를 보내고 싶었지만 웬일인지 꼼짝도 할 수 없었다고 한다. 그렇게 일시적 죽음을 경험한 사람들은 삶이 얼마나 소중한지 깨닫게 되고 이전보다 더 열심히 살게 된다.

많은 이가 죽음을 두려워한다. 죽음이 뭐기에 두려워할까. 누가 죽어보고 '죽어봤더니 이렇다'라고 얘기해줄 수 있다면 죽음이 그리 두렵지 않을 것이다. 모르기 때문에 두렵다. 앞서도 얘기했지만 내게도 죽음은 늘 가까이 있었다. 유년 시절 어머니의 죽음을 경험해야 했고 청년이 되어선 동생의 죽음을 봐야 했다. 나 스스로도 두 번이나 죽음을 결심하기도 했다. 2005년에는 차량이 전복되어 죽을 뻔하기도 했다.

나는 평소 아버님이 살다간 오십 살만 살아도 되겠다는 생각을 많이 했다. 그런데 낼모레 칠십 살을 앞두고 있다. 잘 살아온 걸까. 이렇게 물어볼 때 후회되는 일은 별로 없다. 있다면 좀 더 열심히 공부하지 못한 일과 사람들에게 좀 더 많이 베풀지 못한 일이 후회라면 후회다. 많은 업적을 이루거나 좋은 자리에 가지 못한 것은 아무런 후회가 되지 않다. 내가 출가한 중이어서만은 아니다. 이 나이쯤 되면 삶에서 중요하고 중요하지 않은 것들이 좀 더 잘 보인다. 하고 싶은 일이 있으면 바로 그 순간 원 없이 하고 사는 게 좋다는 것도 그런 깨달음 중 하나일 테다.

우리는 언젠가 죽을 것이다. 죽음이 다가왔을 때 혹시 이걸

하지 못 했구나 후회가 되지 않도록 지금 하고 싶은 것은 지금 하면 될 일이다. 나라고 뭐가 다를까. 평생 입바른 소리를 달고 살았으니 죽을 때도 큰소리쳐야 하는데 걱정이 이만저만이 아니다. 그래서 공부를 부지런히 하려고 마음먹는다.

아직 삶이 끝나지 않았다면 얼마든지 기회는 있다. 한때 유명 광고에 '나이는 숫자에 불과하다'는 카피가 있었다. 멋진 말이다. 사실 우리 주변에도 나이는 숫자에 불과하다는 것을 몸소 보여준 이도 많다.

노벨상을 받은 작가이자 철학자인 버트란트 러셀은 아흔네 살 때 '100인 위원회'를 구성해 핵무장 반대 연좌농성을 하다 구속됐다. 많은 나이에도 불구하고 청년과 같은 뜨거운 가슴으로 살았던 버트란트 러셀은 많은 사람에게 영향을 줬다. 러셀이 아흔 살을 넘어서 쓴 자서전의 첫 문장은 이렇다.

"단순하지만 누를 길 없이 강렬한 세 가지 열정이 내 인생을 지배해왔으니, 사랑에 대한 갈망, 지식에 대한 탐구욕, 인류의 고통에 대한 참기 힘든 연민이 바로 그것이다."

백 세 시대다. 노후는 늘 염려되는 일이다. 그러나 걱정하기보다 지금 내 앞에 있는 순간을 누려야 한다. 바로 지금 이 글을 읽고 있는 순간에도 시간은 간다. 되돌아오지 않는다. 조금의 긴장감은 필요하다. 죽음이라는 통지서는 다만 아직 도착하지 않았을 뿐 시시각각 우리를 향해 다가오고 있기 때문이다. 통지서가 언제 우리 앞에 도착할지는 아무도 모른다. 그렇기 때문에 더 후회 없이 살도록 자기가 하고 싶은 일들을 하나씩 해나가야 한다. 곰곰이 생각해보자. 아마도 하지 못한 일들이 너무 많을 것이다.

천천히, 그러나 서둘러라.

아직 삶이 끝나지 않았다면 얼마든지 기회는 있다.

밥 먹는 게
부끄러울 때가 있다

언젠가 점심 먹고 산보를 나섰을 때다. 큰 절로 내려가는 아랫길을 거닐었다. 인적 하나 없는 숲길은 언제나 활기가 느껴진다. 호젓한 숲길을 휘적휘적 올라오는데 몇 발짝 앞에 작은 돌멩이 같은 게 툭 튀어나와 있었다. 가까이 가서 보니 아주 작은 새였다. 솜털을 막 벗고 제대로 된 깃털이 갓 나기 시작한 새. 밤톨만 한 어린 새가 길 한가운데서 어쩔 줄 모르고 이리저리 뛰고 있었다. 둥지에서 떨어진 모양인데 아직 날 줄은 모르는 녀석이었다.

드물기는 하지만 그 길에 차가 오르내리기도 하고 무심한 등산객의 발에 밟히거나 산짐승의 먹이가 될 것 같아 염려가 됐다. 마침 곁에서 어미로 보이는 새가 애타게 삑삑 울어대고 있는데 어린 새는 비탈지고 날카로운 돌들이 많은 곳으로만 향하고 있었다. 덜 위험한 곳에라도 놓아줄 요량으로 손수건으로 새를 덮어 손에 들고는 어미 새한테 가까운 흙이 부드러운 데에 옮겨놨더니 잔뜩 겁에 질려 결국 계곡 쪽으로 툭 뛰어내리는 게 아닌가. 어쩔 수 없겠다 싶어 그냥 가려다가도 못내 자꾸만 신경이 쓰였다. 계곡은 각지고 날카롭게 쪼개진 돌들이 천지인데 저 여리고 작은 놈이 그 돌무더기 틈새에서 다치지나 않을까 마음이 쓰여 조심스럽게 계곡으로 내려갔다. 한참을 조심스럽게 수풀과 돌 틈을 살펴봐도 도저히 찾을 수가 없었다.

공연히 내가 쫓아와서 더욱 겁에 질려 숨었을까. 그대로 있다가는 필시 다른 짐승의 밥이 되겠구나 하는 생각이 들었다. 생명이 생명을 먹고살아가는 게 자연의 당연한 이치겠지만 마음이 썩 좋지 않았다. 한참을 헤매다가 포기하고 경사가 완만한 데를 골라 올라가려고 발걸음을 옮겼다. 그때 발밑에서 뭔가 툭 튀며 움직여댔다. 작은 개구리 두 마리가 내 발을 피해 도망가고 있었다. 작은 목숨을 구하려 내려온 길에 무심히 다른 작은 목숨을 죽일 뻔 했다. 인간의 몸 크기, 무게, 발의 힘…… 이 모든 게 자연 속 중생들에게는 크고 위협적일 수밖에 없다. 나는 더 조심히 몸을 움직여야겠다는 다짐을 했다. 우리의 움직임 하나하나가 숲속 중생들을 다치게 할 수도 있는데 우리는 무심코 행동하는 게 아닌가.

후쿠시마 원전 사고 이후 사람들은 외출할 때마다 걱정스럽게 마스크를 썼다. 비가 오면 우산을 들었다. 그런데 물과 바람은 흘러서 어디로 갈까. 땅으로 스며들거나 강이나 바다로 흘러간다. 땅속에도 강과 바다 속에도 생명이 있는데 인간들은 자기만 살겠다고 마스크를 쓰고 우산을 쓴다. 그 재앙을 누가 일으킨 걸까.

미세 먼지와 공해도 마찬가지다. 너나할 것 없이 다 마셔야 한다. 짐승들이 무슨 죄인가. 인간을 향한 짐승들의 원망은 언젠가 돌아온다.

구제역도 마찬가지다. 밀실 사육을 하다 보니 가축들의 면역력이 약해지고 한 번 전염병이 돌면 속수무책으로 퍼져나간다. 그 아픈 가축들을 살아 있든 죽어 있든 모조리 땅에 파묻는다. 그 작업을 했던 많은 공무원이 정신과 치료를 받는다. 가축들의 울부짖음이 꿈속에도 잊히지 않기 때문이다.

어떤 생명이든 하루를 산다는 건 다른 생명에게 빚지는 일이다. 우리가 먹는 것 가운데 생명 아닌 게 없다. 눈에 보이지 않지만 우리가 마시는 물 한 잔과 공기에도 수많은 생명이 깃들어 있다. 우리 모두 생명의 커다란 사슬 속에 살고 있다.

산중에 살다 보니 끼니를 혼자 해결할 때가 많다. 특히 눈 오는 날은 밖으로 나다니기가 번잡해서 밥을 직접 해먹는다. 환갑이 넘어 시작한 자취 생활이다. 그래도 출가한 지 얼마 지나지 않아 법주사에서 공양주 하던 시절 한 번도 밥을 설익히거나 태워먹은 적 없었기에 그 실력을 다시 발휘하고 있다. 요즘 흔히 말하는 '혼밥'의 원조는 산속 수도승들이다. 산속에 살면 음식 솜씨가 제법 좋아진다. 최근에는 시금치국을 자주 끓여 먹는다. 가끔 프라이팬에 올리브유를 두르고 토마토를 푹 익혀 먹기도 한다.

문득 생각하곤 한다. 밥 한 그릇 차려먹는 소박한 즐거움. 과연 소박하기만 할 것일지. 이 세상에서 일어나는 모든 일을 단순하게 줄이면 딱 두 가지만 남는다고 한다. 바로 '죽이는 일'과 '먹는 일'이다. 먹지 않고는 살 도리가 없다. 먹는 행위를 매일 하다 보니 그 소중함을 잊어버리곤 한다.

음식이 얼마나 소중한지 쌀을 보면 알 수 있다. 쌀 미(米) 자를 보면 위에 여덟 팔(八) 자가 있고 가운데 열 십(十) 자가 있고 다시 아래에 여덟 팔 자가 있다. 쌀이 되기까지 여든여덟 번의 정성이 필요하다는 의미다.

내가 조계종을 개혁하겠다고 스무날 가까이 단식을 하고 병원에 실려와 첫 끼를 먹었을 때, 고작 미음 한 숟가락 입에 들어왔다고 '이제 살겠구나!' 했던 것도 사는 게 밥 먹는 일이기 때문이다.

출가한 지 얼마 되지 않아 충주 대원사에 있을 때, 절에 놓인 잡지를 보게 됐다. 거기에는 끼니를 굶어 홀쭉한 아프리카 대륙의 한 아이의 사진이 실려 있었다. 그 아이는 배를 곯고 있는데 나는 출가해 수행자 노릇하며 밥을 꼬박 챙겨 먹는 게 하도 부끄러워 하루 한 끼만 먹으면서 백일기도를 했다. 그때가 1970년 대였으니 먹을 게 부족했던 때다. 지금은 그때보다 퍽 좋아졌다.

절집에는 공양계가 있다.

"이 음식이 어디서 왔는고. 내 덕행으로는 받기가 부끄럽네. 마음의 온갖 욕심 버리고 몸을 지탱하는 약으로 알아 도업을 이루고자 이 공양을 받습니다."

산다는 것은 누군가의 도움에 의해 가능하다. 우리 역시 언젠가 누군가에게 우리 자신을 내어줘야 한다.

장자가 죽음에 이르자 제자들에게 유언을 했다.

"따로 장례를 치르거나 거창한 무덤을 만들지 말라."

하지만 제자들은 그 말에 따를 수 없었다.

"어찌 존귀한 스승님을 까마귀나 들짐승들의 밥이 되게 할 수 있겠습니까? 그럴 수는 없습니다."

그 말을 듣고 있던 장자는 훈계했다.

"그럼 까마귀나 들짐승들의 밥은 되면 안 되고 개미 밥은 되어도 좋단 말이냐."

장자의 말처럼 죽으면 우리는 흩어져 또 다른 생명의 목숨을 이어준다.

인과의 고리는 인간과 인간, 국가와 국가 사이에만 있는 게 아니다. 모든 생명은 연결되어 있다. 인간의 몸을 이루는 물질은 지구의 성분과 비슷하다. 지구 물질 또한 우주를 구성하는 수소와 산소, 철과 구리, 망간 등의 물질과 비슷하다. 이 물질들은 인간의 몸을 이루는 성분이기도 하다.

월악산 보광암은 달이 참 좋다. 달이 뜨지 않는 밤에는 별도 참 많다. 도시에서는 그 아름다운 별을 보지 못하고 지낸다. 빛이 너무나 많기 때문이다. 그런데 같은 지구에 사는 이십억 명의 사람들은 전기 없이 지낸다. 어느 땅에는 빛이 넘치고 어느 땅에는 어둠이 가득하다.

오대양 육대주는 약 이억오천만 년 전에 갖춰졌다. 지구 나이 사십육억 년에 비하면 5퍼센트밖에 안 되는 시간이다. 기록으로 남아 있는 역사는 약 칠천 년. 백삼십구억 년에 걸친 우주 역사를 스물네 시간으로 축약했을 때, 인간의 역사는 길게 잡아야 0.04초밖에 되지 않는다. 책 한 권이 우주의 역사라면 인간의 역사는 마지막 문장 끝에 찍힌 마침표쯤 된다. 그런데 인간은 지구를 거대한 공사 현장으로 생각하고 마구 개발하고 파괴하고 있다. 지구 자원을 재생 불가능할 정도로 무자비하게 쓰고 있다.

부처는 안거(安居) 때 함부로 돌아다니지 말라고 했다. 많은 생명이 왕성한 활동을 하는 때라 자칫 자신도 모르는 사이 길을 걷다 벌레 같은 생명을 밟아 죽일 수 있기 때문이다. 무심코 행한 살생이라고 죄가 가벼워지지 않는다. 그래서 옛 스승들은 나무 지팡이에 방울을 달아놓았다. 방울 소리를 듣고 뭇짐승이나 생명들이 피해가라는 의미였다. 내딛는 발걸음도 조심하라고 후학들에게 가르쳤다. 작은 생명들에게 인간은 마치 공룡처럼 크게 느껴지기 때문이다.

수천수만 년 내려온 강이 4대강 사업 때문에 죽어가고 있다. 물길을 함부로 막아서는 안 된다. 미국이나 유럽 같은 경우 댐을 허무니 다시 강이 살아났다고 한다.

지구의 생명 가운데 인간과 분리된 존재는 단 하나도 없다. 한 마리의 소나 돼지, 숲속의 작은 벌레라도 죽이면 숲 생태계 전체가 요동친다.

우리가 행하는 작은 일에도 온 우주의 울림이 깃들어 있다. 혼자 살겠다고 마스크를 쓰기 전에 왜 우리가 이렇게 되었는지 생각해볼 일이다. 눈에 보이지 않지만 인간과 함께 사는 모든 생명에 대해 생각해볼 일이다. 나는 나만이 아니다. 너는 너만이 아니다. 너와 나는 '우리'로 살아간다. 앞으로도 그럴 뿐이다.

여기, 사람이 있다

  우리 사회는 촛불 이전과 이후로 나뉜다고 해도 결코 과한 말
이 아니다. 촛불은 혁명이다. 수천만의 국민이 촛불을 들어 불의
한 권력을 몰아냈고 국정농단의 범죄자들을 감옥에 집어넣었다.
집회에 참여한 시민 중에서 단 한 명의 구속자도 나오지 않았
다. 이는 세계 혁명사에 없는 사건 중의 사건이다. 국민의 힘으
로 만든 평화 혁명. 세계인이 우리나라를 새롭게 본 사건이기도
하다.

  "이게 나라냐"는 구호 속에는 '어떻게 살 것인가'라는 물음이
있었다. 촛불로 우리 국민은 새롭게 눈떴다. 스스로 생각하고 행
동하여 나라의 주인이 됐다. "모든 권력은 국민으로부터 나온
다"라는 헌법 제1조 제2항을 광장에서 실천했다. 천칠백만 명이

라는 숫자도 어마어마하지만 아이부터 여든 살이 넘은 노인까지 남녀노소 전 세대가 참여한 시민 주체 혁명이었다.

2016년 10월 29일, 토요일 청계천 소라광장에서 첫 번째 촛불 집회가 열렸다. 이삼만 명의 시민들이 모였던 것 같다. 카랑카랑한 목소리로 사회자가 말했다.

"이 촛불 집회는 교과서에 실릴 겁니다. 오늘이 승리의 역사를 시작하는 날입니다."

그때만 해도 그런 날이 올 거라고 생각하지 못했다. 그러다 광화문 3차 촛불 집회 때 백만 명이 모였다. 얼마나 가슴이 울컥하던지 아직도 그 느낌이 생생하다. 평생 잊지 못할 것이다. 잊지 말아야 할 테고. 나는 그 겨울 강원도에서 서울까지 집회가 있는 날이면 매번 올라왔다.

나는 광화문 거리에 일렁이는 촛불의 파도를 보며 이 촛불이야말로 탐욕과 위선과 불의의 시대를 뒤집는 홍수가 아닌가 생각했다. 강이 건강하게 흐르기 위해서는 한번씩 큰 홍수가 나서 강을 뒤집어줘야 한다. 촛불은 적폐로 불리는 욕망, 거짓, 어리석음 같은 찌꺼기들을 쓸어냈다.

아직도 광화문 네거리에서 울리던 촛불의 함성이 귓전에 맴돈다. 촛불의 함성은 염불 소리 같았다. 그 어떤 법당의 염불보다 아름다웠다. 나라를 바로 세우겠다는 간절한 염원으로 그 추운 겨울에도 꿋꿋이 촛불을 든 국민의 모습은 하나의 기도였다. 염불과 기도가 왜 법당이나 교회 안에만 있겠는가. 국민이 한 목소리로 노래하고 염원했던 그 자리가 바로 법당이라고 나는 생각했다. 그 기도는 저들을 향하기도 했지만 우리 스스로를 향하기도 했다.

모든 국민은 자신들의 수준에 맞는 정부를 가진다고 한다. 이명박과 박근혜를 대통령으로 뽑아준 사람들은 다름 아닌 국민들이다. 불의한 세상을 보고도 침묵했던 스스로에 대해, 믹고사는 거 때문에 외면해야 했던 그 많은 세월에 대해 우리는 촛불을 들고 반성했다. 그 한가운데 세월호가 있었다. 천칠백만 촛불은 세월호를 가슴에 품고 싸웠다. 우리 아이들이 죽어갈 때 국가는 아무 일도 하지 않았다. 우리 역시 발만 동동 구를 뿐이었다. 그 자괴감이 우리를 겨울 광장으로 이끌었다. 추위에도 꺾이지 않을 의지를 주었다.

3퍼센트의 소금이 바다를 썩지 않게 한다는 말이 있다. 양심과 정의는 사회의 면역 체계다. 그게 무너지면 그 사회는 짐승 사회로 전락한다. 3퍼센트가 인간 사회를 지키는 최후 방어선이라면 3.5퍼센트는 새로운 세계로 도약할 수 있는 수치인 모양이다. 국가 인구의 3.5퍼센트가 집회나 시위를 지속할 경우 그 정권은 유지되기 힘들다는 연구 결과도 있다.

우리는 아이들이 물속에 잠기는 걸 보고만 있어야 했다. 살기 위해 벽을 긁다 손톱이 빠져버린 아이들.

"엄마, 사랑해."

마지막으로 문자메시지를 보낸 아이들. 그들을 잊으면 우리는 사람이 아니다. 누구는 교통사고라고 했다. 무고한 죽음 앞에 사람이 할 말이 아니다. 말에는 반드시 과보가 따른다. 죽음 앞에서 숙연하고 애도하는 것이 인간의 도리다.

온 국민이 세월호의 슬픔에 빠져 있을 때, 제대로 밥도 먹지 못하고 잠도 자지 못할 때, 봄이 왔어도 봄이 아니었을 때, 아이들의 시신을 찾지 못했을 때 "이제 그만하자." "경제가 문제다." 하는 목소리가 있었다. 산 사람은 살아야 한다. 그러나 그렇게 사는 건 결코 사는 게 아니다. 경제라는 허울 좋은 명분을 내세워 세월호의 진상을 덮으려는 장막에 불과했다.

촛불은 일어났다. 짐승 같은 세상에 살고 있다는 자각. 그리고 짐승이 되지 않으려는 마음. 광장에 모인 사람들은 참 따듯했다. 광장은 발 디딜 곳 없었다. 하지만 누구 하나 탓하지 않고 옆 사람을 배려하고 길을 열어줬다. 지하철 안에서 자리다툼하며 몸에 힘주고 밀어붙이던 사람들이 아니었다. 인자요산(仁者樂山). 좁은 산길에서 사람을 마주치면 서로 먼저 가라고 양보한다. 비탈길에선 모르는 사람이라고 할지라도 흔쾌히 손을 내밀어 끌어올려준다. 밥을 나눠 먹기도 하고 물을 건네기도 하는 인심이 있다. 촛불에도 사람 사는 인심이 있었다.

내가 봉은사에서 천일기도를 할 때, 신도회에서는 '백 일'을 걸고 밥 사주기 내기를 했다고 한다. 대부분이 중도에 포기할 거라는 데 걸었다. 쉬운 일이 아니었다. 새벽 네시, 오전 열시, 저녁 여섯시 매번 세 차례 걸쳐 천일 동안 천배를 올렸다. 처음 한 달 간 발이 퉁퉁 부어올랐다. 주지 임기 사 년 중 삼 년간 산문(山門)을 나오지 않고 절한 횟수만 백만 번이다. 순수하게 절하는데 걸린 시간이 대강 삼천 시간이다.

천일기도를 하는 중에 여러 가지 사건들이 있었다. 남대문이 불탔고 용산의 무고한 죽음이 있었고 노무현 대통령과 김대중 대통령이 서거했다. 그중에 제일 힘들었던 일은 용산 참사였다. 천일기도 끝에 부처의 자비와 사랑을 설파해야 하는데 막상 용산에 가보니 그게 되지 않았다. 자기 터전을 빼앗기게 됐는데 울분에 차지 않을 사람이 어디 있겠는가. 집 잃은 사람들이 망루를 설치한 건 죽겠다는 게 아니라 살려달라는 절박한 표현이었다. 그런데 경찰은 무리하게 진압했다. 그 남일당 안에서 목소리가 터져나왔다.

"여기, 사람이 있다."

그때가 2009년이었다. 남을 짓밟고 올라가야 하는 세상은 인면수심(人面獸心)의 세상이지 인간 세상이 아니다.

얼룩말은 태어나자마자 일어설 수 있지만 인간은 일 년은 있어야 일어설 수 있다. 그동안 누군가의 도움을 받아야 한다. 누가 돌봐주지 않으면 살 수 없는 게 인간이다. 인간은 함께 살기 위해 만들어졌다.

촛불혁명이 승리한 이유는 함께했기 때문이다. 모두가 아름다우면 나도 함께 예뻐지는 세상, 그게 아름다운 세상이다. 사는 게 아무리 각박해도 그 감동을 잊으면 친구는 경쟁자가 되고 광장은 전쟁터가 된다.

그렇다면 내 삶은 어떻게 해야 하는 걸까. 나는 조금도 다를 바가 없다고 생각한다. 세상의 이치와 삶의 이치는 같다. 세상의 어둠을 밝히듯 자기 삶의 어둠을 밝히면 된다. 우리는 얼마든지 희망이 있다. 이미 알고 있다. 그 겨울 추운 광장에서 우리가 가진 힘과 가능성을 보았다.

나와 세상은 둘이 아니다. 자기 성찰과 사회적 참여, 두 바퀴를 함께 굴려야 삶이라는 수레는 앞으로 나아간다.

우리가 원하는 것을, 우리 스스로 선택하는 삶을 소망하자.

시키는 대로 했을 뿐이라고?

"너 영창 갈래, 베트남 갈래?"

중대장이 내게 제안했다. 평소 후임병을 괴롭히던 소대 병장과 시비가 붙은 탓이었다.

그때 내 선택은 베트남이었다. 1972년 3월 부산항에서 출발하는 미군함을 타고 6박 7일간 항해 끝에 도착한 곳은 베트남 퀴논 지역, 나는 거기서 딱 일 년 있었다. 사단 통신병으로 갔기 때문에 교전할 일도 없었다. 내가 베트남에 갔을 당시 전쟁은 소강상태였다. 나는 총을 쏜 적도 쏘는 걸 본 적도 없었다. 사실 그때 나는 베트남에서 무슨 일이 있었는지 전혀 알지 못했다. 하지만 이제는 안다. 한국군의 베트남 민간인 학살은 늘 마음의 짐으로 남아 있다.

2015년 4월 베트남 민간인 학살 문제를 국내에 처음으로 제기한 구수정 박사가 베트남전쟁 민간인 학살 피해자 두 분을 한국에 모시고 온 적이 있다. 조계사에서 이들을 모시고 토론회를 하기로 했다. 그런데 보수단체의 압력을 받은 조계종이 행사장 대여를 취소했다. 그 바람에 경북대학교에서 토론회를 진행하게 됐다.

조계종의 압력에 굴해 행사가 취소된 게 죄스러워 강원도에서 대구로 내려갔다. 부끄러운 마음으로 행사장 중간쯤 앉았다. 응우옌 떤 런 아저씨와 응우옌 티 탄 아주머니가 자신들이 직접 겪은 한국군의 민간인 학살의 참상을 증언했다. 참전 군인이었던 나는 고개를 들 수 없었다.

주최 측에서 내게 인사말을 요청했다. 무대 앞으로 걸어가는데 다리가 후들거려서 도저히 걸을 수 없었다. 아무 말도 할 수 없었다. 그 자리에 무릎 꿇고 용서를 구했다. 그것 말고 내가 할 수 있는 건 없었다.

커다란 솥을 불 위에 올려놓으면 솥은 물론 솥뚜껑도 뜨겁게 달아오른다. 솥뚜껑이 달아오른 걸 아는 사람은 솥뚜껑을 조심히 만지거나 헝겊으로 감싸 쥐겠지만 모르는 사람은 아무 생각 없이 덥석 잡아 크게 데인다. 정신을 놓고 있거나 욕망에 빠지면 어리석은 행동을 하게 된다. 깨어 있는 상태를 유지해야 하는 이유다.

칼 아돌프 아이히만은 제2차세계대전 때 유태인을 학살했다. 그는 유럽 각지에 있는 유태인을 체포했으며 강제 이주를 계획하고 실행했다. 유태인 학살과 관련해 직급으로는 주연이 아니지만 일선에서의 활약상으로 보자면 히틀러나 힘러보다 악독한 인물이다.

1961년 4월부터 12월까지 예루살렘에서 공개 진행된 재판 법정에서 오십대 중반의 평범한 남자 아이히만은 말했다.

"저는 억울합니다. 저는 남을 해치는 것엔 아무 관심이 없습니다. 제가 관심이 있는 건 맡은 일을 잘 해내는 것뿐입니다. …… 나는 연속 과정에서 일을 접수하여 중계 업무를 처리했습니다. 명령을 받고 명령에 따랐을 뿐입니다. 내가 한 일은 행정 절차에 따른 작은 역할이었습니다. 나는 남을 해치는 것엔 관심도 없었습니다."

그가 고안한 가스실이 설치된 열차 안에서 수많은 유태인이 죽어야 했다. 그런데도 아이히만은 답했다.

"저는 지시받은 업무를 잘 처리하기 위해서 열심히 일했을 뿐입니다. 제가 제작한 '열차' 덕분에 우리 조직은 시간 낭비 없이 일을 처리할 수 있었죠."

자신의 죄를 인정하느냐는 물음에도 그는 말했다.

"저는 잘못이 없습니다. 단 한 사람도 제 손으로 죽이지 않았습니다. 죽이라고 명령하지도 않았습니다. 제 권한이 아니었으니까요. 저는 시키는 것을 그대로 실천한 하나의 인간이자 관리자였을 뿐입니다. 월급을 받으면서도 지시에 따르지 않았다면 양심의 가책을 받았을 것입니다. 공직자의 용기란 조직된 위계질서입니다."

"양심의 가책을 느낀 적은 없었나요?"

"월급을 받으면서도 주어진 일을 열심히 하지 않았다면 양심의 가책을 받았을 것입니다."

수개월간 계속된 아이히만의 지루한 재판을 끝까지 관찰한 철학자 한나 아렌트는 아이히만이 너무 평범한 가장이었음을 발견했다. 재판을 지켜본 여섯 명의 정신과 의사들의 판정 역시 마찬가지였다.

"그는 나보다 더 정상이며 준법정신이 투철한 국민이었다."

한나 아렌트는 아이히만에 대해 "사악하지도, 유대인을 증오하지도 않았다. 단지 히틀러에 대한 명목적인 충성에서 관료적 의무를 기계적으로 충실히 수행했을 뿐이다. 가정에서도 그는 아이들을 다정하게 돌보는 가장이었다"고 『예루살렘의 아이히만』에 기록했다.

사형을 구형한 검사는 지적했다. 아이히만의 죄는 "말하지도, 생각하지도, 행동하지도 않은 것"이라고 말이다. 그는 명령에는 따랐지만 죄 없는 많은 사람을 죽였다. 양심의 가책도 느끼지 않았다.

이 세기의 재판을 통해 한나 아렌트는 '악의 평범성'을 보았다. 그에 따르면 우리 누구나 그런 잘못을 저지를 수도 있다.

우리 안에는 아이히만과 같은 모습이 없을까. 있다. 다만 행하느냐 행하지 않느냐의 차이다. 한나 아렌트는 이렇게 말한다.

"다른 사람의 처지를 생각할 줄 모르는 '생각의 무능'은 '말하기의 무능'을 낳고 '행동의 무능'을 낳는다. ……그는 아주 근면한 인간이다. 그리고 이런 근면성 자체는 결코 범죄가 아니다. 그러나 그의 유죄가 명백한 이유는 아무 생각이 없었기 때문이다."

인간다운 삶을 살기 위해서는 사유하며 살아야 한다. 데카르트는 "나는 생각한다, 고로 존재한다"고 했다. 여기서 '생각'이란 '밥은 뭐 먹을까?' '잠은 어디서 잘까?' 하는 생각이 아니다. '나는 대체 무엇인가?' 같은 철학적 질문이다. 인간은 철학하는 순간에 비로소 진정한 인간이 될 수 있다고 나는 생각한다.

1968년 3월 16일 미군은 베트남 미라이 마을에서 삼백사십칠 명에서 오백사 명으로 추정되는 비무장 민간인을 학살했다. 톰프슨 준위는 살육 현장을 목격하고 헬기를 착륙시켜 즉각 학살을 멈추라고 명령했다. 당시 캘리 중위는 베트남 민간인 열한 명이 숨어 있는 오두막에 불을 지르려는 참이었다. 톰프슨은 캘리 중위보다 계급이 낮았지만 중단하지 않으면 헬리콥터의 중화기를 미군을 향해 발사하겠다고 위협했다. 그제야 켈리 중위와 그 부대는 길을 터줬고 톰프슨은 민간인 열한 명과 죽은 엄마에게 매달려 있는 갓난아이를 구출해 헬기로 이송했다. 상부에 이 사건을 보고한 톰프슨은 한 계급 강등됐고 군내 기피 인물로 지목 됐다. 그 보복으로 그는 가장 위험한 헬리콥터 임무에 배치됐다. 그가 탄 헬리콥터는 다섯 번 격추당했다. 그 일로 톰프슨은 등 뼈가 부러졌다.

전쟁터에서 명령을 거부하는 일은 있을 수 없다. 우리나라였 으면 명령불복종죄로 처벌되었을 큰 사건이다. 톰프슨 준위는 국가의 명령보다 인류의 보편적 가치인 인권을 더 중요하게 생각 했다. 무조건 명령에 따랐다면 불가능한 행위였다. 인간이기를 포기하지 않았기에 가능했다.

미라이 학살은 로널드 해벌의 사진이 1969년 《라이프》에 실리 면서 세상에 알려졌다. 종군기자였던 그는 처음에는 '굉장히 큰 전투구나.' 생각하며 사진을 찍었다. 그러나 미군이 총구를 겨누 는 사람이 민간인이라는 사실을 깨닫고 몰래 필름을 잘라 만년 필 심에 감은 뒤 미국으로 돌아와 사진을 공개했다.

남베트남 공화국의 태도는 예상 밖이었다. 미라이 학살 사건 이 세상에 알려지자 미국의 지원을 받던 남베트남 공화국은 "미 라이 마을에서 스무 명 정도 죽었고 계획된 살인이 아니라 포격 으로 인한 불가피한 죽음이었다"고 학살을 축소 은폐하며 미국의 편을 들었다. 심지어 미라이 주민들이 "삼백 명에서 육백 명이 죽었다 주장하는 것은 미국으로부터 보상금을 타내려는 잘못된 생각"이라고 주장했다. 남베트남 공화국은 미국의 원조로 유지되는 정부였고 국민보다 권력 유지를 더 중요하게 생각했다.

우리나라에서도 노근리 학살 사건 등 미군에 의한 수많은 민간인 학살이 벌어졌다. 그동안 우리 정부의 태도는 남베트남 공화국의 태도와 크게 다르지 않았다. 밝혀져야 할 진실이 아직 너무도 많이 땅속에 묻혀 있다.

학살에 가담했던 군인들 대부분은 훗날 괴로움을 호소했다. 미라이 학살에서 유일하게 유죄로 판결받은 켈리 중위는 삼 년 만에 대통령 특별사면으로 풀려났지만 2009년 8월 "그날 이후 양심의 가책을 느끼지 않은 날이 없었다"며 사죄했다. 부당한 일에 저항한 톰프슨과 로널드 해벌은 '어떻게 살아야 할까' 질문하고 행동했다. 그 결과 인간의 가치를 지킬 수 있었다.

극단적인 상황에서 자기 머리로 생각하고 생각한대로 행동하기란 쉽지 않다. 특히 우리가 속한 사회가 어느 한 방향으로 흘러가고 있을 때 그 반대방향으로 가는 것은 어렵다. 이런 길은 이단의 길이기 때문이고 왕따의 길이기 때문이다. 하지만 언뜻 미친 듯 보이는 그들의 생각 있는 행동이 세상을 올바른 방향으로 변화시켜왔다. 이렇듯 사유는 인간이 인간됨을 가능케 하는 힘이고 인간의 역사를 긍정적으로 발전시켜온 원동력이다.

우리는 생각한다. 독사 같은 생각을 하면 독사가 되고 천사 같은 생각을 하면 천사가 된다. 어떤 생각을 하느냐에 따라 우리가 사는 곳이 극락이 될 수도 지옥이 될 수도 있다. 인간다움이라는 전구는 생각의 전류가 흐를 때 빛난다.

걱정 말고 살걸 그랬다

이래도 걱정이고 저래도 걱정인 게 삶이다. 우리 인생에 걱정을 빼면 뭐가 남을까 싶을 정도로 많은 걱정을 안고 산다. 사회학자 칼 필레머는 2004년부터 오 년간 예순다섯 살 이상 노인 천 명을 대상으로 설문조사를 벌였다. '인류 유산 프로젝트'라는 이름의 연구에서 필레머는 묻는다.

"당신의 삶을 되돌아봤을 때, 가장 후회하는 점은 무엇입니까?"

사업 실패? 불행한 결혼 생활? 알코올중독? 도박? 모든 일들을 제치고 의외의 답이 나왔다. 바로 "너무 걱정하지 말고 살걸 그랬다"였다. 평범하지만 아름답게 살아간 보통의 '현자'들의 지혜다. 그리고 이 프로젝트에 참여한 사람들이 뽑은 인생에서 가장 소중한 것은 시간이었다. 한 번 흐른 시간은 다시 오지 않는다. 이미 흘러간 것은 걱정하지 않아도 된다.

행복한 삶에 대한 다양한 연구에 따르면 우리들이 하는 걱정의 대부분은 현실에서 일어나지 않는다. 우리가 하는 걱정거리의 40퍼센트는 절대 일어나지 않고 나머지 걱정의 30퍼센트는 이미 일어난 일들에 대한 것이다. 걱정의 22퍼센트는 사실상 걱정하지 않아도 되는 사소한 사건들이며 걱정하는 일들 중 40퍼센트는 충분히 해결할 수 있는 일이다. 결국 우리가 해결할 수 없는 일은 4퍼센트는 정도밖에 없다.

티벳 속담 중에 "해결할 수 있는 걱정할 필요가 없고 해결할 수 없는 일은 걱정해도 소용없다"는 말이 있다. 결국 너무 걱정하지 않아도 된다는 얘기다.

나는 소나무를 좋아해서 봉은사에 지낼 때 여러 군데서 아름다운 소나무들을 많이 옮겨 심었다. 그중 유독 내가 좋아하는 소나무는 곧게 자라지 못하고 줄기는 비비 꼬였고 중간중간 옹이가 많았다. 그 나무를 '깡패 소나무'라고 부르며 좋아했다. 미끈하게 자란 소나무는 멋이 없다. 살기 위해 물을 찾아 땅속 깊이 뿌리를 내리다 보니 줄기도 함께 뒤틀리고 굽어지게 된다.

우리 사회는 실패에 강퍅하다. 잘해야 한다, 실수하면 안 된다는 강박 속에 살고 있다. 한 번의 실패가 영원한 도태인 것처럼 두려워한다. 여든다섯 살 애리스 로세토는 말한다.

"내가 저질렀던 실수에서 배운 게 있다면 이미 일어난 일은 돌이킬 수 없다는 거야. 먼저, 있는 그대로 자신을 인정해야 해. 나는 그게 참 힘들었어. 조금만 더 열심히 노력한다면 모든 것을 완벽하게 할 수 있을 거라는 말을 끊임없이 들으며 자랐거든. 하지만 모든 일이 그렇지 않다는 사실을 받아들여야 할 때도 있었지. 그리고 반드시 그렇게 되지 않아도 괜찮아."

잘하지 않아도 괜찮다. 뭐 어떤가. 다시 시작하면 되지. 누구나 실패한다. 어떤 상황에서든 우리는 언제든 사기 편이어야 한다. 나마저 내 편이 되어주지 않을 때 인간은 갈 곳이 없다. 자살을 택하는 이들이 그렇다. 자존감이 낮은 사람은 대게 불행하다. 그럴 필요 없다. 우리는 억만 겁의 우주 속에 태어난 유일한 존재이고 아름답고 소중한 존재다.

나무 한 그루가 자라기 위해서는 온 우주가 필요하다는 말이 있다. 햇살과 바람이 없고 흙과 양분과 공기 그리고 물이 없다면 나무가 자랄 수 있을까. 인간도 마찬가지다. 나라는 사람의 존재가 있기까지 수만 대의 할아버지와 할머니가 있어야 한다. 우리는 수만 대로 이어지는 인류 가운데 죽지 않고 살아남은 사람들이다. 아무리 많은 돈도 나를 만들 수 없다. 예순아홉 살 마릴린 스티플러는 말한다.

"다른 사람을 다정하게 대해야 하듯이 자신에게도 다정해야 해. 나는 걱정도 많고, 기대도 많고, 죄책감도 많은 집안에서 태어났어. 그런데 나이를 먹을수록 자신에게 관대해지고, 자신을 소중하게 대접하는 게 아주 중요하다는 걸 알게 되었지. 사람들은 자신에게 너무 가혹하게 굴거든. 자기에게 지나치게 엄정한 판단의 잣대를 들이대지 마. 편하게 생각해. 스스로를 좀 더 편하게 대해주라고."

공연히 있지도 않은 불안 때문에 우리는 우리 자신의 삶을 갉아먹고 세상이 뭐라고 하기 전에 자기 자신을 다그치고 살고 있는 것은 아닐까. 마치 녹이 쇠에서 나와 쇠를 갉아먹는 것처럼 우리 스스로가 우리를 괴롭히고 갉아먹고 있지 않은지 돌아봐야 한다. 불안하다고 생각하는 마음에 대해서도 마찬가지다.

달마 대사와 그의 제자 혜가 스님이 나눈 이야기 속에서 우리는 불안, 걱정이라는 것에 대해 생각해볼 수 있다. 어느 날 제자인 혜가 스님이 스승 달마 대사를 찾아가 말한다.

"스승님 마음이 너무 불안합니다."

"그러하냐. 그러면 그 불안한 마음을 가져와 봐라"

"아무리 찾아도 찾을 수 없습니다."

"내 이미 너를 편안케 해주었느니라."

이 순간도 많은 불안과 걱정을 안고 살아가고 있다. 그런데 그 불안과 걱정이란 게 아직 일어나지 않은 일이다. 실제로 일어나지도 않는 것들을 가지고 우리 자신을 힘들게 만들고 있는 셈이다. 다가오지도 않은 미래에 대한 걱정, 지나간 과거를 후회하면서 헛되이 시간을 보내서야 되겠는가. 수없는 환상과 착각 때문에 인생을 힘들게 한다면 어리석은 일이다. 걱정을 하느라 인생의 소중한 일들과 귀한 시간을 잃기도 한다.

야구에서 3할 타자면 훌륭하다. 3할 타자도 열 번 타석에 들어와 세 번 안타를 치는 거다. 그러니 좀 실패하면 어때하는 배짱을 가져보자. 매번 안타를 치고 홈런을 칠 수는 없다. 삼진아웃도 당하고 병살타도 치고 그러다 가끔은 결승홈런노 때리는 날도 생기는 거다. 매번 최상의 컨디션으로 뛴다면 그게 로봇이지 사람은 아니다. 로봇들이 대결하는 야구나 축구는 반전과 반전의 반전이 뒤엉킨 멋진 드라마를 쓸 수 없다. 비록 지금 삶이 걱정되고 두렵더라도 조금 용기 내어 마주하자. 걱정과 불안은 사실 별 게 아니다. 어쩌면 기회일 수도 있다.

사   는   건

왜

힘   들   까

바보야,
문제는 사람이야

아무리 생각이 다르다고 해도 해서 되는 일이 있고 해서 안 되는 일이 있다. 우리가 인간으로서 해도 되는 일이 있고 하면 안 되는 일이 있다. 이 금도를 어길 경우 우리는 짐승이라고 부른다.

정말 인간이 무엇인가 의심케 하는 풍경은 주로 돈 때문에 생긴다. 최근에 일어난 용인 일가족 살인 사건은 자식이 부모의 돈을 노리고 한 범죄다. 2017년 강서구에 장애인학교를 설립하는 문제를 놓고 학부모들과 지역민들이 충돌하는 일도 생겼다. 장애인학교 설립을 위한 공정회 자리에서 장애아를 자식으로 둔 부모들이 이를 반대하는 사람들에게 무릎을 꿇었다. 아이가 장애를 가진 것만 해도 가슴 아픈 일인데 이 자식들을 제대로 공부시키기 위한 학교를 세우는 것까지 반대하는 건 참으로 이해 안 되는 일이다. 학교가 위해시설도 아닌데 지역민들이 반대하는 까닭은 단 하나, 집값이 떨어진다는 데 있다. 결국 문제는 돈인 셈이다.

돈에는 악령이 깃들어 있다는 말이 있다. 돈 때문에 사람을 죽이고 짐승처럼 산다. 사람이 사람답게 살려면 이념이든 물질이든 그게 뭐든 물들지 말고 정신 차려야 한다.

미국 클린턴 대통령의 선거 구호가 "바보야, 문제는 경제야"였다고 한다. 우리 사회도 다르지 않았다. 이제는 이렇게 바꾸어야 한다.

"바보야, 문제는 사람이야."

지옥은 자기 입에 밥을 떠 넣으려고 싸우는 세상이고 극락은 서로의 입에 밥 떠 넣어주는 세상이다. 돈이 많이 있든 적게 있든 나누고 베풀고 살아야 한다. 자기만 살겠다고 다른 사람을 내치는 사회는 인간 사는 사회가 아니다.

일본에 한 스님이 있었다. 그 스님은 노자의 『도덕경』을 읽고 매우 감동을 받았다. 그래서 일본어로 번역해 출간하겠다는 결심을 했다. 책을 번역하고 인쇄할 돈을 모으기 시작했다. 돈을 다 모으는 데는 꼬박 십 년이 걸렸다. 그 무렵 일본에 역병이 창궐했다. 스님은 책보다는 아픈 사람을 치료하는 게 먼저라는 마음에 돈을 다 내놓았다. 그 후 다시 십 년 동안 돈을 모았다. 이

제 책만 인쇄하면 일본어로 『도덕경』이 태어나는 순간이 됐다. 바로 그때 대지진이 일어나 오갈 데 없는 사람들이 생겨났다. 스님은 그간 모아둔 전액을 이재민들을 위해 쓰게 된다. 그리고 다시 십 년이 걸린 뒤에야 일본어로 된 『도덕경』이 나오게 됐다. 삼십 년 만의 일이다. 스님이 삼십 년 동안 한 일이 달랑 『도덕경』 한 권 펴내는 일이었을까. 역병에 걸린 사람과 이재민을 도울 때마다 『도덕경』을 펴낸 것과 똑같은 일을 한 거였다. 스님은 옳은 길을 나아가는 그 자체를 원력으로 삼았다. 스님은 결국 원하던 일도 이룰 수 있었고 타인을 도울 수 있었다.

하지만 우리 사회에서는 '갑'들이 '을'들을 못살게 구는 뉴스가 비일비재하다. 툭하면 들려오는 정리해고, 한 회사에서 함께 일하며 웃고 울었던 노동자들에게 "당신 이제 그만 나가시오." 하고 통고한다. 흔히 직장을 잃을 때 '밥줄 끊어졌다'고 하지 않는가. 직장이 바로 밥줄이고 목숨줄이다. 그 목숨줄을 끊는 게 정리해고다.

우리가 타인에게 함부로 하는 이유는 나와 남을 구별 짓기 때문이다. 최저임금 인상으로 자영업자들이 못 살겠다고 한다. 2018년 최저임금은 7,530원이다. 이 돈을 법정근로시간 사십 시간으로 계산하면 157만 3770원이다. 한 달에 160만 원도 되지 않는 돈으로 생계를 꾸릴 수 있을까. 가족 가운데 최저임금자가 있다면 어떨까.

자영업자들이 살기 어려운 근본적인 까닭은 임금 인상 때문이 아니라 과도한 임대료 때문이다. 문제를 해결하기 위해서는 우리끼리 싸우는 게 아니라 연대해야 한다.

『대승본생심지관경』에 적힌 부처의 말이다.

"대부호 장자들은 재보를 모두 넷으로 나누어 사 분의 일은 이자를 주어 가업을 돕고 사 분의 일은 고독한 사람들을 돌보아 미래의 복을 닦고 사 분의 일은 일상적인 생활비를 쓰고 사 분의 일은 일가친척과 나그네들을 위해 베풀어주도록 하라."

나는 나와 함께 불법을 공부하는 단지불회 회원들에게 강조한다. 자기 식구들만 잘 되기를 바라면서 법당에서 기도하지 말라고, 우리 주변에 힘들고 고통받는 이웃들이 있으면 누구보다 회원들이 가서 도와야 한다고. 그리고 절에 시주하기보다는 어려운 사람을 돕는 게 더 큰 보시이고 공덕이라고 말한다.

우리 안에는 두 가지 상반된 모습이 있다. 남과 더불어 살겠다는 마음과 나 혼자 잘 살겠다는 마음. 어느 쪽을 선택하느냐에 따라 삶은 달라진다. 더 나은 세상을 위해서는 연대가 필요하다. 연대는 인간이 인간임을 확인하는 확실한 순간이다. 연대를 뜻하는 불어 '솔리다리테(solidarité)'는 라틴어 솔리둠(sólidum)에서 왔다. 이는 모든 사람이 공동체 속에서 함께 머무를 뿐 아니라 공동으로 책임지겠다는 뜻을 품고 있다.

사람을 뜻하는 사람 인(人)은 서로에게 기대고 있는 모습이다. 서로가 서로에게 기댐으로서 쓰러지지 않는 존재가 되는 게 인간이다. 결코 혼자서는 인간이 될 수 없다는 뜻이다. 우리는 그동안 물질주의 속에서 경쟁하며 인간임을 망각했다. 이제 다시 인간의 길을 가야 한다. 가진 것을 나눌 때 우리는 더 큰 존재가 된다.

바쁘면
사람 노릇 못한다

고적한 산속에서 살다 보면 도시적인 관점으로는 불편하다. 그러나 도시에서 얻지 못하는 만족감을 느끼기도 한다. 빠른 교통수단이 없으니 큰절에서 암자로, 또 암자에서 산길로 걸어 다니게 된다. 도시에서처럼 물건을 쉽게 사는 것도 불가능하다. 당장에 꼭 필요한 게 아니면 없는 대로 대충 사는 데 익숙해진다. 그러니 필요라는 단어에 대해 다시 생각하게 됐다.

사람들은 그 '필요'를 충족시키기 위해 바쁘게 살고 '바쁘다'는 말을 달고 산다. 무엇 때문에 이토록 분주한 것일까. 빨리 움직이는 게 과연 좋은 일일까. 그렇게 바빠 살면서 한두 번쯤 아니 세 번쯤 '내가 왜 이렇게 바쁘게 살고 있는 거지?' 되물어보지 않는다면, 그것은 단지 바쁜 게 아니라 정신을 잃고 사는 것이다.

바쁘면 사람 노릇도 제대로 못한다. 개인의 정신이 피폐해지는 것은 물론 각종 사고도 불러일으킨다. 2017년 12월 19일 JTBC 〈뉴스룸〉에서는 타워크레인 사고를 보도했다. 2017년 한 해에만 여섯 건의 타워크레인 사고가 일어났다. 사고가 일어난 원인은 장비 노후이기도 했지만 촉박한 시간 때문인 경우가 더 많았다고 한다. 타워크레인 기사들은 업체 측 공사기간을 맞추기 위해 일을 재촉했고 안정 규정인 초속 십 미터가 넘는 바람이 불때도 작업을 중단하지 않고 강행해야 했다. 심지어 초속 십오 미터의 바람에도 작업할 때가 있었다고 한다. 모두 비용을 줄이고 기간을 맞추기 위해 빨리 빨리하다 보니 반복적으로 일어난 사고인 셈이다.

우리는 '번아웃(Burn out)'될 때까지 열심히 달린다. 성공해야 한다는 생각 때문에 달리고 먹고살기 위해 달린다. 마치 피난 열차에 올라타려는 사람들 같다. 열차에 오르지 못하면 낙오되는 것 마냥 목매고 있다. 많은 학자가 현대사회를 '피로사회' '위험사회' '분노사회' '재난사회' 등으로 분석하고 있다. 나는 '병든 사회'라고 부른다.

병든 사회. 상징적 수사가 아니다. 현실이다. 대표적인 것이 우울증이다. 많은 사람이 앓고 있는 '단극성 우울증'은 제2차대전 이후 선진국에서 발생한 사회적 질병이다. 불행감, 절망감, 외로움, 무가치, 걱정, 죄책감 등을 느끼고 슬픔을 가누기 어려워하며 미래에 대해 비관적인 견해를 드러내는 것이 단극성 우울증의 증세다. 악화되면 자살하고 싶은 마음마저 생긴다. 세계보건기구에 따르면 오늘날 전 세계 일억 명이 만성적 우울증에 시달리고 있다고 한다. 대부분은 미국, 캐나다, 오스트레일리아, 일본과 유럽 등 부유한 국가 사람들이다.

우리는 완벽하지 않은 존재다. 언제든 실패와 좌절을 겪을 수 있다. 자아의 존중감을 지나치게 강조하는 사회 분위기도 우울증을 강화시킨다. 스스로 훌륭해야 하며 늘 남들에게 존중받고 사랑받아야 한다는 사회적 압박 때문에 끊임없이 우리는 긴장하게 된다.

인간은 늘 최상의 모습으로 살아갈 수 없다. 흐트러질 때도 있다. 미끄러질 때도 있다. 하지만 성공을 쫓는 경쟁 사회는 끊임없이 우리에게 더 나은 모습을 보이라고 압력을 가한다. 사회적 압력을 감당할 수 없는 개인들은 쇼핑이나 스포츠 등의 강한 자극으로 이를 해소하려고 한다. 이를 통해 얻게 되는 기쁨은 쉽게 얻은 만큼 일시적이다. 금세 감정적으로 가라앉는다. 그래서 계속해서 더 강한 자극에 매달리고 더 큰 기쁨을 주는 물건들을 욕망하게 된다. 고통의 악순환에 빠지고 마는 것이다.

영국의 임상심리학자 올리버 제임스는 풍요로움이 계속될수록 더 많은 것을 욕망하는 현대인의 멈추지 않는 탐욕을 하나의 질병이라는 의미에서 '어플루엔자(affluenza)'라고 불렀다. 이 말은 '풍요로움(affluece)'과 '유행성 독감(influenza)'의 합성어로 '부자병'을 일컫는다. 부자병에 감염된 이는 채워지지 않는 욕망으로 인해 무력감, 과도한 스트레스, 만성 울혈, 우울증 등을 앓게 된다. 부자들도 내게 찾아와 행복한 삶을 묻는 이유가 여기에 있다.

서구인들은 1950년대보다 우울증에 시달릴 가능성이 세 배에서 열 배나 높다고 한다. 미국인의 경우 25퍼센트가 우울증 등 정서적인 고통을 받고 있다. 영국인은 좀 더 심하다. 약 25퍼센트가 우울증, 불안, 정신이상, 약물 남용 등을 겪고 있으며 나머지 25퍼센트 역시 그 비슷한 고통을 겪고 있어 국민의 절반 가까이가 사회적 질병에 걸린 셈이다. 자본주의의 길을 충실히 걷고 있는 한국인도 다르지 않을 것이다.

스트레스나 우울증 등으로 병든 사회는 우울증을 넘어 심각한 정신질환을 불러일으키고 있다. '묻지마 살인' 등이 일어나는 것이 방증이다. 사이코패스 같은 정신적 이상 증세를 백 명 가운데 한 명 정도가 앓고 있다는 분석까지 있다.

심리학자 로버트 헤어는 경고한다.

"성장한 사이코패스를 교정하는 것은 불가능하며, 경쟁만 가르치는 현대사회에서 사이코패스의 등장은 필연적이다."

한국 역시 일등이 아니면 절멸하는 사회 구조이기 때문에 우울증과 사이코패스가 필연적으로 생길 수밖에 없다. 사회적 압력으로 인한 '화'라는 폭탄이 우리 안에서 터지면 우울증이 되고, 밖에서 터지면 사이코패스가 되어 사람을 다치게 한다. 생존경쟁에 내몰린 한국인들의 자살률은 매우 높다.

욕심은 우리 마음에서 시작되지만 어느 순간 스스로 굴러다니면서 눈덩이처럼 커진다. 자신도 통제할 수 없는 지경이 된다. 그때부터 욕심은 우리를 끌고 다닌다. 일찍이 부처도 말했다.

"하늘에서 황금이 소나기처럼 쏟아질지라도 사람의 욕망을 다 채울 수는 없다."

어느 열대우림의 원주민 사이에는 원숭이의 습성을 이용한 독특한 사냥법이 있다.

원숭이가 잘 다니는 길목에 원숭이가 좋아하는 사탕을 넣어놓는 것이다. 그 냄새를 맡고 온 원숭이가 유리병 속으로 손을 덥석 집어넣는다. 달콤한 사탕냄새를 맡고 이게 웬 횡재냐는 생각에 먹을 것을 한 움큼 쥔 원숭이는 그 손을 놓지 못하고 그만 사냥꾼에게 잡히고 만다.

물질의 여유와 시간의 여유 가운데 어느 게 사람을 행복하게 할까. 너무 가난해도 행복하지 않다. 하지만 굳이 하나를 골라야 한다면 나는 여유를 선택할 것이다. 억만금을 주고도 시간을 살 수 없기 때문이다. 조금 덜 벌더라도 마음의 여유를 갖고 사는 게 낫다. 우리가 사람답게 살려면 선한 마음도 중요하지만 시간이 더 중요하다는 실험 결과도 있다. 늘 쫓기는 삶을 산 우리에게는 더욱 그렇다. 불안이라는 망령을 잠재우는 것은 여유다. 여유는 사람 노릇을 할 수 있게 한다.

제대로 보고 느끼기 위해서도 시간이 필요하다. 작은 꽃 한 송이라도 시간을 들여 살필 때 제대로 볼 수 있다.

나도 산에 다닐 때 많은 꽃을 만난다. 그때마다 쪼그려 앉아 꽃을 보곤 한다. '두메부추' '노란물봉선' '물양지꽃' '꽃황새냉이' '매화말발돌이' 같은 꽃들이 내게 다가온다. 모르고 지냈던 꽃 한 송이를 새로 알게 되면 그 하나만으로 그날 산행이 넉넉해진다. 도시에서 바쁘게 살 때는 누리지 못한 것들이다.

가끔 일이 있어 도시에 갈 때면 일부러 시간을 내서 고궁에 간다. 호젓하게 고궁의 뜨락을 거닐다 보면 몰랐던 우리 문화의 숨결을 느끼곤 한다. 그럴 때면 '내가 너무 모르고 살았다'는 걸 알게 된다.

바쁘게 살다 보니 만나야 할 사람도 보지 못하고 사는 경우가 허다하다. 바빠서 좋은 일도 못하고 사람도 못 만나는 게 아니라 오히려 좋은 일을 하고 좋은 사람을 만나기 위해 바빠야 한다. 돈 벌기 위해 바쁘다면서 거꾸로 가고 있다. 만나야 할 수많은 사람 가운데 제일 먼저 만나야 할 사람은 나 자신이다. 나를 살피지 않고 바깥만 쳐다보며 살아서는 안 된다. 세월은 무정하게 우리 손에서 빠져나간다. 나를 잃고 산다면 아무리 가진 게 많아도 삶은 공허하다.

마케도니아의 왕 알렉산더의 유언은 한 번쯤 고민해볼 문제다.

"나를 묻을 땐 내 손을 무덤 밖으로 빼놓고 묻어주게. 천하를 손에 쥔 나도 죽을 땐 빈손이란 걸 세상 사람들에게 말해주고 싶다네."

죽어라 일해도
먹고살기 힘들다

시간의 여유를 가지자는 말이 쉽게 다가오지 않을 수 있다. 사는 게 팍팍한데, 어찌 여유를 가지고 살 수 있을까. 맞다. 너무 가난해도 행복하지 않다. 사람이 사람답게 살기 위해서는 어떻게 살아야 하는가에 대한 철학적 고민과 수행도 필요하지만 최소한의 물질도 중요하다. 그래서 나는 강연을 가거나 법회를 할 때, 국가가 국민들에게 최소한의 인간적 삶을 살 수 있을 정도의 의식주교(醫食住敎) 네 가지를 보장해야 한다고 말한다. '의'는 옷이 아니라 의료(醫療)다. 아프면 누구나 병원에 가서 치료받을 권리와 인간답게 먹고 자고 일정한 범위의 보통교육을 국가가 책임질 때 국민이 비로소 여유를 찾을 수 있다. 이것이 우리가 정치에 참여해야 하는 중요한 이유 중 하나다.

조선이 일제에게 국권을 빼앗기고 수탈이 본격화되던 1931년 한 명의 노동자가 우리 역사에서 최초로 고공 농성을 벌인다. 평원고무공장에서 일하던 강주룡이 주인공이다. 평양에서 노동조합 활동을 하던 강주룡은 1931년 5월 광목 한 필을 사서 한밤중에 을밀대를 향한다. 자신의 죽음으로 평원고무공장의 횡포를 알리기 위해서였다. 벚나무 가지에 광목천을 걸어놓고 자신의 인생을 되돌아보던 강주룡은 생각한다.

'이대로 죽는다면 내가 왜 죽었는지 사람들이 알 수 있을까? 죽더라도 우리의 싸움을 알리고 죽어야 할 텐데……'

그때 맞은편에 을밀대가 보였다.

그는 '죽더라도 저 위에 올라가 우리의 뜻과 평원공장의 횡포를 마음껏 외치고 죽자'라고 마음을 고쳐먹었다.

오늘날 고공 농성이 일제 때도 있었다. 그때나 지금이나 노동자들이 살기 힘든 세상이다. 2009년에 시작된 쌍용차 투쟁은 계속되고 있다. 공권력이 국민을 대상으로 토벌 작전을 벌이는 당시 풍경은 과연 내가 그들과 같은 시대를 살고 있는가 싶을 정도로 끔찍했다. 『중생이 아프면 부처도 아프다』를 출간하고 정혜신 박사와 북콘서트를 한 적이 있다. 정혜신 박사는 쌍용차 해고 노동자들의 심리 치료를 위해 애쓰고 있었다. 정혜신 박사가 그날 내게 말했다.

"벌써 스물세 분이 스스로 목숨을 끊었습니다. 그런데 해고 노동자 두 분도 그런 문턱까지 가려고 했어요. 우리가 이 죽음의 행렬을 막아야 합니다."

경영진과 이사회는 경영에 문제가 생기면 인원을 감축한다. 잘될 때는 성과금을 챙긴다. 노동자들의 임금 인상은 실질적인 물가상승률에도 미치지 않을 때가 허다하다. 그럴 때마다 언론과 정부는 기업들 편에 선다. 자기 편할 때만 가족이고 어려울 땐 가장 먼저 내친다. 이런 사회가 과연 지속 가능할까. 경쟁력 있는 사회가 될 수 있을까. 달면 삼키고 쓰면 뱉는 사회구조를 바꾸지 않는 한 희망은 없다.

2012년 11월 20일 세 명의 노동자가 공장 건너편 십오만 킬로와트의 전류가 흐르는 송전탑에 올랐다. 한상균, 문기주, 복기성은 목숨을 걸고 한겨울 송전탑 위에서 요구했다. 쌍용차의 진상을 밝힐 국정조사, 직원들의 정규직화, 해고자 원직 복직 등이 이들의 요구였다.

그 겨울 베니어판 위에 비닐 천막 하나만 덩그러니 치고 투쟁하는 그들에게 오리털잠바나 장갑, 양말 등을 몇 번 올려 보낸 적이 있다. 농성 백팔 일째 되던 2013년 3월 7일에는 당시 국회의원이었던 문재인 대통령과 함께 송전탑 위에 올라 가슴을 맞대기도 했다.

노동자들이 왜 손만 닿아도 타죽을 고압 전류가 흐르는 송전

탑에 올라야 하는가. 이들이 불성실하게 일해서 회사 운영이 부실해진 걸까. 고통 분담도 정도가 있다. 경영 실패의 책임을 왜 노동자에게 전가하는가. 이는 파렴치한 일이다. 이러한 불공정한 사회 시스템은 용납되어선 안 된다. 고공농성을 벌이는 노동자는 비단 쌍용차 해고 노동자만이 아니다. 한진중공업 크레인 위에서 김진숙 씨가 죽음을 각오하고 고공 투쟁했다. 많은 비정규직 노동자가 정규직 전환을 외치며 고공에 오른다. 오죽하면 목숨을 걸었을까. 그들의 아픔을 해결해주지는 못해 늘 마음이 무겁다.

노동문제는 우리 사회의 첫 번째 과제다. 대부분 사람들은 세상이 평화롭기 바란다. 그러나 사회적 평등에 대해서는 소홀하다. 능력껏 사는 거니까 차별이 있을 수밖에 없다는 생각이다. 물론 모두가 똑같이 먹고사는 건 평등이 아니다. 그런 세상이 좋은 세상도 아니다. 하지만 최소한 인간으로서 모두 똑같은 대접을 받아야 한다. 나라의 근간이 되는 노동자와 농민이 최소한의 인간적 삶을 누리지 못하는 사회는 잘못됐다.

우리가 그토록 바라는 평화(平和)는 말 그대로 쌀을 사이좋게 나눠 먹는 것이다. 평등 역시 고르게 나눠 먹는다는 뜻이다. 평화는 곧 평등이다. 평화를 바라면서 평등을 추구하지 않는다면 거짓 평화다. 우리 사회의 문제는 절대적 빈곤이 아니라 상대적 빈곤이다. 갈수록 부의 편중은 심화되고 있다. 이 문제를 해결하고자 나서는 부자는 거의 없다. 우리 사회의 미성숙을 보여주는 대목이다.

가진 자만 잘 사는 세상, 최상위 1퍼센트가 부와 권력을 쥐고 자신들만의 행복을 위해 살아간다면 기업도 결국 망한다. 노동 자가 먹고살 수 있을 때 세상도 건강해진다.

평소에 존경하는 송담 스님이 법문을 한다고 해서 택시를 탈 일이 있었다. 그때가 2012년 무렵이었다. 기사에게 월급이 얼마 인지 물어보니 한 달에 칠십사만 원인데 손님이 없을 때는 그 것보다 채 받지 못한다고 했다. 월세 내며 먹고 살기 참 힘들다 고 말하는 기사를 보며 할 말을 잃었다.

나는 《녹색평론》 발행인 김종철 선생과 오랜 인연이 있다. "사 람과 사람, 사람과 자연 사이의 분열을 치유하고 공생적 문화가 유지될 수 있는 사회의 재건에 이바지하는 것"이라는 격월간지 의 창간 목적처럼 그는 우리 사회에 관심이 깊다. 그 덕에 나도 배운다. 《녹색평론》에서 주택 문제를 지적하는 글을 읽은 적이 있다.

'1083, 819, 577, 521, 476, 471, 412, 405, 403, 341.'

이 숫자는 무엇을 의미할까. 우리나라 부동산 부자 상위 열 명 이 가진 주택의 수란다. 한쪽은 졸음을 참아가며 뼈가 빠지게 일을 해도 월급을 다 채워가지도 못하는데, 한쪽으로 천 개가 넘는 집을 가지고 있다.

일부 재벌에 대한 부의 편중과 법인세 등에 대한 합리적 조치가 이뤄지지 않은 채 국민들에게만 희생과 고통을 강요하는 '고통분담론'으로는 더 이상 사회문제를 해결할 수 없다. 불평등은 한국 사회의 화약고다. 국가와 정치권은 이 문제에 사활을 걸어야 한다. 절실한 문제인 만큼 혁명적 발상의 전환이 필요하다.

노조는 파업할 권리가 있다. 헌법에 보장된 권리다. 그런데 왜 우리는 대기업 노조가 파업하면 그들의 연봉을 들먹이면서 반대 여론을 조성하는 걸까. 철도나 버스 같은 운송 노조가 파업할 때도 마찬가지다. 우리가 선진국이라고 일컫는 프랑스 같은 나라에서는 임금의 높고 낮음에 관계없이 누구나 자유롭게 법적 테두리 안에서 파업할 권리가 있다고 인식하고 있다. 파업은 기본권에 해당하기 때문이다. 이러한 생각은 강력한 지지이며 권력과 자본으로부터 노동권을 보장받을 수 있는 힘이다. 그 점에서 우리 사회는 반성해야 한다.

유리 천장을 깨고 더 나은 세상으로 나아가려면 고정관념에 갇히지 말고 불온한 생각을 많이 해야 한다. 이단의 생각 말이다. 그 점에서 나는 묻고 싶다.

"노동자는 왜 연봉 일억 원을 받으면 안 되는가."

비행기 조종사들이 파업했을 때 그들이 왜 파업하는지는 말하지 않고 억대 연봉자들이 파업한다고 비아냥거리는 언론 보도를 보고 기가 막혔다. 일억 원을 받든 삼천만 원을 받든 노동을 통해 먹고사는 사람은 다 노동자다. 연봉이 높은 노동자는 파업하지 말라는 논리는 온당치 않다.

남북으로 분단된 한반도에서 우리는 파업할 권리를 '종북' '친북' '빨갱이'라는 이념적 틀에 가두면서 불온시했다. 분단이 없었다면 우리의 사유는 보다 유연해지고 노동문제 등 여러 사회문제를 합리적으로 접근할 수 있었을 것이다.

지금의 한국 사회는 비정규직 노동자가 천팔백만 명에 이르고 있다. 많은 비정규직 노동자가 호소한다.

"죽어라 일해도 먹고살기 힘들다."

나는 재차 강조한다.

이 문제를 풀지 못한다면 나라가 아니다.

자기 생각이 있는
말썽꾸러기

한국 부모들은 자식 걱정하느라 쉴 틈이 없다. 너무 사랑해서 너무 많은 걱정을 한다. 과유불급이라고 했다. 과한 것은 독이 된다.

아이가 공부도 안 하고 말썽피울 수도 있다. 커서 뭐가 되려고 저러나 싶기도 할 것이다. 하는 짓마다 미울 때도 있다. 나는 아내도 없고 자식이 없지만 아이들을 무척 좋아한다. 쳇바퀴처럼 학교와 학원을 오가는 아이들을 보면 마음 아프다.

한마디 훈수를 보태고 싶다. 바둑이나 장기를 둘 때 훈수 두는 사람이 더 잘 보는 경우가 많다. 감정에 휘둘리거나 자기 생각에 매달리지 않고 객관적으로 보기 때문이다.

내 훈수는 마음에 힘을 빼라는 것이다. 너무 잘하려고 하는 욕심 때문에 오히려 못한다. 축구선수들도 발에 힘을 너무 주면 '똥볼'을 찬다. 몸에 힘이 들어가 있으면 제대로 맞출 수도 바른 방향으로 찰 수도 없다. 삶도 같다. 잘 살기 위해서는 힘 빼는 게 중요하다. 특히 자식 교육이 그렇다.

부모는 자식에게 잔소리가 참 많다. 물론 자식 잘되라고 하는 말이겠지만 한 번쯤 자신을 되돌아보라고 하고 싶다. 성인 가운데 어린 시절 누구 하나 말썽 피우지 않은 사람 있을까. 혹시 모범생이었다고 하는 이가 있다면 나는 말해줄 것이다.

"그건 그리 잘 산 게 아니다. 말이 좋아 모범생이지 실은 로봇처럼 시키는 대로 하고 살았다는 말 아닌가."

아이들은 좌충우돌하는 법이다. 질풍노도 시절에 이리저리 부딪히면서 다양한 경험을 하는 게 좋다. 아이들을 자꾸 틀 안에 집어넣으려고 하면 안 된다. 설사 아이가 잘못하더라도 스스로 깨닫게 해야 한다. 콩나물시루에 콩나물을 거꾸로 두어도 자라듯 아이들은 자란다. 부모에게 필요한 것은 아이를 믿는 마음이다. 갖은 말썽을 피운 나도 잘 살고 있다.

나는 교육에 관심이 많다. 자연스레 북유럽 국가의 교육에 대해 관심을 갖고 공부했다. 그러다 무릎을 친 대목이 있다. 아이들이 가끔 비행을 저질러도 그대로 놔두는 점이다. 어른들이 믿어주는데 아이들이 잘못 자랄까? 나는 아니라고 생각한다. 우리

아이들에게는 자기 삶을 개척할 힘이 충분히 있다. 우리는 아이들에게 스스로 고민하고 생각을 할 수 있는 환경을 만들어줘야 한다.

"공부를 못하는 학생도 칭찬받습니다. 산만한 학생도 칭찬받습니다. 문제아도 칭찬받습니다."

덴마크 코펜하겐의 공립학교 교장 마르그레테 프라우싱의 말이다. '발뷔 스콜레'라고 불리는 공립학교에는 일학년부터 구학년까지 육백여 명의 학생이 다닌다. 학생들이 교장실에 들어와 낙서를 해도 야단맞지 않는다. 또한 유치원 때부터 칠학년까지는 점수와 등수를 매기는 시험을 보지 않는다. 공부를 잘한다고 특별히 칭찬받지 않는다. 공부를 잘하는 것은 많은 재능 중 하나에 불과하기 때문이다.

인생이란 본래 수많은 문제를 넘고 넘는 장애물 경주 같은 것인데 이 장애물을 잘 넘기 위해서는 영어 단어나 수학 공식 외에도 많은 것이 필요하다. 무엇보다 어떤 문제든 답이 하나로 정해진 경우는 없기 때문에 자신만의 답을 찾아야 한다.

만일 학생이 교과목 공부가 부족하면 덴마크에서는 선생 탓이다. 학생이 공부를 잘하게 하는 게 선생의 역할이기 때문이다. 반면 우리 교육에서는 시험과 성적이 가장 중요하다. 친구를 경쟁자로 만드는 교육은 제대로 된 교육이 아니다.

우리나라의 근대적 교육제도가 도입된 시기는 일제 때다. 일제의 교육 방향은 '교육에 관한 칙어'에 잘 나타난다. 요약하자면 "일본의 충량한 신민을 육성한다"는 것이다. 우리가 쓰는 '국민'이라는 말은 '황국신민'의 준말이다. 일제의 교육칙어를 본 따 박정희는 '국민교육헌장'을 제정했다.

"우리는 민족중흥의 역사적 사명을 띠고 이 땅에 태어났다. ……나라의 융성이 나의 발전의 근본임을 깨달아 ……반공민주 정신에 투철한 애국애족이 우리의 삶의 길이며, 자유세계의 이상을 실현하는 기반이다."

국민교육헌장에서 나타나듯 우리나라의 교육 목표는 "반공민주 정신"이 투철한 인재를 양성하는 거였다. 이는 교과서 첫 장에 새겨졌고 학생은 물론 교사도 모두 외워야 했다.

자유로운 사고와 인격을 탁마하는 교육이 아니라 반공정신이 투철한 반공 전사를 만드는 게 목표였기 때문에 각 학교에는 '방공방첩'이라는 구호가 붙어 있었다. 프랑스 학교에 '자유, 평등, 박애'라는 보편적 이념이 적힌 것과는 대조적이다. 애국애족에 충실한 학생들을 길러내기 위해서는 질서를 잡고 줄을 잘 세워야 했다.

미군정 이후에는 미국식 교육에 맞춰 산업에 투입시킬 수 있는 기능인을 키우는 것이 중요한 교육 방향이었다. '수' '우' '미' '양' '가'로 대표되는 성적표로 학생들의 우열을 매겼다. 우리가 흔히 알고 있는 언어 점수와 수학 점수를 중시하는 일종의 단일

지능 테스트는 20세기 미국의 산업 형태에 맞춰진 면이 강하다. 한때 미국에서 유행했지만 지금은 폐기됐다.

인간의 삶에는 다양한 능력이 요구된다. 인간은 근본적으로 회의하고 사유하는 존재다. 삶의 의미를 물을 때 배부른 돼지가 아닌 인간일 수 있다. 자기 자신도 이해하지 못한 채 교과목 성적만 좋은 사람으로 아이를 키워선 안 된다. 세상을 자기만의 눈으로 보지 못한다면 기득권에 자발적으로 복종하는 노예가 되기 십상이다.

넓게 파야 깊게 팔 수 있다. 사물과 세상을 다르게 볼 권리를 폭넓게 인정해줘야 한다. 무엇보다 확신이 아니라 의심할 수 있게 해야 한다. 수전 손택은 '하지만'이라는 말을 해선 안 된다는 주장에 대해 다음과 같이 반론을 펼쳤다.

"하지만과 그 비슷한 부류의 접속사를 담론에서 지우고 언제나 긍정의 말만 해야 한다는 거죠. '하지만'이라는 말을 하면 자기 자신을 일종의 매듭으로 묶게 되고 '아님'을 표현하게 된다는 겁니다. 그래서 '반면에, 하지만, 한편으로'라는 말을 절대 할 수 없는 방식으로만 이야기를 하게 되는 거예요. 하지만 사고의 본질 그 자체가 바로 '그러나'인 걸요."

현대 과학도 세계를 확정할 수 없다. 인간의 지식이 미미하다는 점 또한 인정하고 있다. 주입식 교육은 인간다움을 가로막는 장애물에 지나지 않는다. 아이들이 세상과 더불어 살고 스스로 사고하며 판단할 수 있는 인간으로 성장시키려면 마음껏 사고치고 다닐 수 있는 기회를 줘야 한다. 창의력이 강조되는 21세기에는 더욱 그렇다. '왜?'라고 질문할 수 있는 교육을 해야 한다. 질서에 익숙하고 어른들의 구미에 맞는 아이가 아니라 자기 생각이 있는 말썽꾸러기를 길러내야 한다.

맛난 건
내가 먼저 먹자

　백 세 시대가 왔다. 내가 태어날 무렵에 비하면 평균수명이 거의 두 배가 된 셈이다. 육십 살만 되어도 환갑잔치를 하던 옛날을 생각하면 격세지감이다. 요즘은 환갑잔치는 고사하고 육십 살부터 청춘이라는 말까지 있을 정도다. 백 년, 과연 긴 세월일까. 누군가에게는 길고 누군가에게는 순식간에 지나가는 찰나다. 노벨상을 받은 영국작가 버나드 쇼는 묘비명에 이렇게 썼다.

　"우물쭈물하다가 내 이럴 줄 알았지……."

　우물쭈물하다간 백 년도 금세다. 바로 이렇게 짧기 때문에 생은 소중한 것이다. 하루살이는 하루살이의 삶을 최선을 다해 살다가고, 백일홍은 백 일 동안 온몸으로 붉게 피었다 간다. 우리는 저마다에게 주어진 삶을 맘껏 누리고 가야 한다. 불교에서는 우리가 사람의 몸을 받아 태어나는 것을 망망대해에 떠다니는 구멍 난 나무판자에 백 년마다 한 번씩 물 위로 올라오는 거북이가 그 구멍 속으로 고개를 내미는 것과 같다고 설명한다. 그만큼 사람으로 태어나기 어렵고, 어려운 만큼 귀하다는 의미다.

'천상천하유아독존', 부처가 태어나면서 한 선언이라고 일컬어진다. 이 말의 의미는 부처와 마찬가지로 모든 사람이 세상에 하나밖에 없는 소중한 존재라는 것이다. 우리가 한 인간으로 태어나는 것은 이 우주의 역사에서 보자면 엄청난 사건이다.

나 한 사람이 태어나기 위해 수많은 어머니와 아버지가 있었음을 떠올려보면 잘 알 수 있다. 아버지와 어머니가 만나지 않았다면 지금의 우리가 없다. 그 아버지와 아버지의 아버지와 어머니, 그 어머니와 어머니의 어머니와 아버지가 없었다면 나는 없다. 그렇게 스무 세대를 올라가면 나의 출생에 기여한 사람 수는 104만 8576명이고 스물다섯 세대를 거슬러 가보면 3355만 4432명의 아버지와 어머니가 헌신적으로 결혼한 덕분이다. 서른 세대 전으로 올라가면 우리 선조의 총수는 10억 7374만 1824명으로 십억 명을 넘어선다.

우리의 조상 중 단 한 명만이라도 호랑이나 사자에게 잡아 먹혔거나 지진이나 어떤 전염병에 걸려 죽었다면 나라는 존재는 있을 수 없다. 나 한 사람이 태어난 것은 우연처럼 보이는 무수한 필연의 씨줄 날줄이 얽혔기 때문에 가능한 일이다. 그러니 얼마나 소중한 존재인가.

유전자의 입장에서 보자면 우리 한 사람은 온갖 위험과 시련을 겪으면서도 결코 굴하지 않고 면면히 승리해온 위대한 존재다. 『본생담』이라는 책에서는 비둘기 한 마리가 가진 생명의 무게가 미래에 부처가 될 성인의 무게와 동일하다고 설명하고 있다. 나와 전 우주를 바꾸자고 제안한다고 해도 바꾸지 않을 것이다. 전 우주를 다 더한 것보다 우리 한 사람이 더 귀하다고 해도 지나친 말이 아니다. 물론 나만 그런 게 아니라 모든 생명이 그렇다.

아무도 우리를 함부로 대할 수 없다. 누군가, 무엇인가 우리를 그렇게 대한다면 우리는 자신에 대한 긍지와 사랑으로 이에 맞서야 한다. 우리는 특별히 잘해서 존귀한 것이 아니라 존재 그 자체로 존엄한 것이다. 세계인권선언의 정신이 이와 같다. 내가 나를 존중할 때 세상 무엇도 나를 함부로 할 수 없다.

나는 법문을 할 때 맛나고 좋은 것이 있으면 자식들 먼저 챙기면 안 된다고 얘기한다. 제일 좋은 것은 내가 먼저 먹고, 가져야 한다. 인생의 첫 번째는 자기 자신이어야 한다. 특히 부모, 부모들 중에서 어머니들은 자식이 먼저고, 그다음이 남편이고 세 번째쯤이 자기 자신이다. 잘못된 것이다. 자기가 좋은 것 먹고 건강해야 자식도 키우고 돌볼 수 있다. 내가 행복해야 곁에 있는 사람들도 행복하게 만들어줄 수 있다. 내가 아프고 불행하면 내 곁의 사람들에게 민폐를 끼친다. 그렇기 때문에 내 몸 먼저 돌봐야 하고, 내 마음 먼저 살펴야 하는 것이다.

자기를 끔찍이도 사랑하는 사람이, 자신이 먼저 행복한 사람이 남들을 불행하게 하겠는가. 자기가 행복한 사람은 남도 행복하게 해주는 사람이다. 스스로 즐거워 웃고 다니는 사람은 그 웃음만으로 사람들에게 에너지를 전해준다.

미국의 기업가 록펠러는 서른세 살에 백만장자가 되었고, 마흔세 살에 미국의 최대 부자가 되었고, 쉰세 살에 세계 최대 갑부가 된 입지전적인 인물이다. 오늘날 가장 부자인 빌 게이츠보다 두 배 정도 부자였다고 한다. 하지만 그는 행복하지 않았다.

심지어 쉰다섯 살에 불치병으로 일 년 이상 살지 못한다는 선고를 받기도 했다. 마지막 검진을 위해 휠체어를 타고 갈 때, 병원 로비에 실린 액자의 글이 눈에 들어왔다고 한다.

"주는 자가 받는 자보다 복이 있다."

순간, 그의 마음속에 전율이 생기고 눈물이 났다.

그는 눈을 지그시 감고 자신의 인생을 돌아보며 생각에 잠겼다. 잠시 후 시끄러운 소리에 정신을 차리게 되었는데 입원비 문제로 다투는 소리였다. 병원 측은 병원비가 없어 입원이 안 된다고 하고 환자 어머니는 입원시켜 달라고 울면서 사정을 하고 있었다.

록펠러는 비서를 시켜 병원비를 지불하고 누가 지불했는지 모르게 했다.

얼마 후 은밀히 도운 소녀가 기적적으로 회복이 되자 그 모습을 조용히 지켜보던 록펠러는 얼마나 기뻤던지 나중에는 자서전에서 그 순간을 이렇게 표현했다.

"저는 살면서 이렇게 행복한 삶이 있는지 몰랐습니다."

그 후 얼마 남지 않은 자신의 삶이지만 나눔의 삶을 결심하고 실천하기 시작한다. 자선활동을 하기 시작한 뒤로부터 병세는 호전되었고 아흔세 살까지 살게 되었다. 록펠러는 자서전 이렇게 남겼다.

"인생 전반기 오십오 년은 쫓기며 살았지만 후반기 사십삼 년은 행복하게 살았다."

인생은 홀로 가는 길이다. 홀로 가지 않으면 함께 가도 소용없다. 동시에 함께 가지 않으면 홀로 가도 소용없다. 이는 둘이 아니다. 나 자신을 먼저 챙기는 사람이 타인도 도울 수 있다. 그리고 남을 행복하게 해줄 때 나도 행복할 수 있다.

우리가 정말로 훌륭해지고 아름다워지는 때는 타인이 모두 위대하고 아름다운 존재라는 것을 인식하고 살 때다.

스스로 제대로 살고 있는지 끊임없이 돌아보는 성찰이 있을 때, 내 이웃의 삶을 살피는 따뜻한 온기가 있을 때, 우리의 훌륭함은 나날이 성장할 수 있다.

내 생각이라고 옳을까?

출가 전 무주 관음사에서 지냈을 때 한 스님이 내게 말했다.

"전생에 선근(善根)이 있어서 출가하면 아주 큰 스님이 될 것 같네. 출가해서 같이 공부하도록 하세."

그 말을 듣고 돌아와 입시 공부를 위해 가지고 있던 책을 모두 박스에 집어넣었다. 얼마나 개운한지 날아갈 것 같았다. 그러고서는 법당으로 갔다. 부처님을 올려다보니 갑자기 눈물이 쏟아졌다. 그때 나는 절도 제대로 할 줄 몰랐다. 그냥 엎어졌다 일어났다 하는데 눈물이 철철 흘러내렸다. 불안하고 괴로웠던 마음이 봄눈 녹듯 녹아내렸다.

그날부터 '도대체 나라는 게 뭐지? 이걸 모르고 어떻게 살아? 도대체 뭐야?' 하는 생각이 잠시도 끊이지 않았다. 답답해서 밥도 먹는 둥 마는 둥했다. 잠도 제대로 오지 않았다. 그렇게 하루가 지나고 이틀이 지나고 사흘이 흘렀다. 나흘째 되는 날이었을 것이다. 법당 뒤뜰에 앉아 무심히 미루나무를 보고 있었다. 바람이 휙 불자 나뭇잎 하나가 툭 떨어져 내렸다. 곧 새 한 마리가 날아왔다가 허공으로 사라졌다.

그 순간 '아, 저것이다. 저 자유! 텅 비어졌어.' 하는 느낌이 섬광처럼 머리를 스치고 지나갔다. 자유롭게 날아가는 새 한 마리, 아무 흔적 없이 툭 떨어지는 나뭇잎을 보면서 생각했다.

'허공이 텅 비었으니 나뭇잎이 저렇게 제 마음대로 떨어지고, 허공이 텅 비었으니 새가 저렇게 제 마음대로 날아다니지.'

정확한 실체는 알 수 없었으나 자유로움, 편안함 같은 게 느껴졌다.

우리 삶은 텅 빈 허공과 같다. 우리의 생각은 나뭇잎과 새와 같다. 텅 빈 허공이 있는데, 생각이 묶여 있다면 무슨 의미가 있을까. 우리 머릿속에는 수많은 생각이 있다. 과연 이 많은 생각이 내 생각일까? 가만히 눈을 감고 삼 분만 생각해보자. 하루에 오만 가지 생각이 왔다 간다. 그래서 오만때만 생각이다. 다시 눈을 감고 한 가지 생각을 정해놓고 삼 분 동안 그 생각에만 집중해보자. 아마 쉽게 안 될 것이다.

화장실 소변기에 파리 모양 스티커를 붙였더니 변기 밖으로 튀는 소변이 80퍼센트나 줄었다고 한다. 팔꿈치를 쿡 찌르는 것만으로도 우리의 행동은 바뀐다. 이를 '넛지효과(Nudge Effect)'라고 한다. 우리는 스스로 사고하고 결정한다고 생각하는데 실제로는 그렇지 않다. 알게 모르게 장치들에 의해 조종되고 있다. 광고 같은 경우 우리의 머릿속에 상품에 유리한 정보를 각인시킨다. 그래야 물건을 많이 팔 수 있고 생각을 조정할 수 있기 때문이다. 머릿속에 프레임을 짜 넣는 전략이다. 우리도 모르는 사이 색안경을 끼고 세상을 바라본다. 촛불을 든 사람은 태극기를 든 사람을, 태극기를 든 사람은 촛불을 든 사람을 그렇게 본다. 서로 입장에 따라 똑같은 정보도 다르게 해석한다. 프레임에 맞게 정보를 각색하여 받아들이게 된다. 정치 문제도 그렇다. 자기 편이라고 무조건 옳다고 생각해선 안 된다. 자유롭지 못하면 제대로 된 판단을 내릴 수 없다. 진보 진영에 속한 사람이 진보 진영의 잘못에 눈감는다면 그것은 올바름이 아니다. 보수 진영 역시 마찬가지다.

내 생각이라고 다 옳을까? 우리 편이기 때문에 옳다는 생각에서 벗어나서 옳은 게 내 편이고, 진실과 진리가 내 편이라는 입장을 가져야 한다. 진리를 내 입장으로 삼을 때 비로소 우리는 자유인이 될 수 있다. 진정한 자유인은 내가 옳다고 생각하는 것들이 과연 옳은지 성찰할 줄 안다. 나와 다른 견해를 얼마든지 받아들여야 한다. 끊임없는 성찰과 살핌이 없다면 진정한 자유는 없다. 한국 사회는 아직 갈 길이 멀다. 자유를 갈구하는 거창한 투사가 되라는 것은 아니다. 자유를 추구하는 진실한 인간이 되고자 노력하자는 말이다.

인류 역사상 가장 어두운 시대였다고 불리는 중세에 마녀사냥의 광풍이 몰아쳤다. 프란스시코 고야는 〈이성의 잠은 괴물을 낳는다〉는 제목의 판화에서 냉철한 이성이 없는 인간의 판단은 광기가 될 수 있음을 경고했다. 도올 김용옥 선생님은 중세 카톨릭에서 지동설을 주장한 갈릴레오나 브루노 신부를 부정하고 탄압한 것에 대해 다음과 같이 설명한다.

"지동설은 그 이전의 천동설이 지지하던 우주 질서의 래디칼한 개편을 의미하는 것이었다. 그리고 그 질서는 개관적 자연 질서가 아니라 바로 인간 사회의 정치권력의 질서를 의미하는 것이었다. 즉 천동설이 지배하던 세계에 있어서는 우주의 중심은 지구며 지구의 중심은 이태리의 바티칸이며, 바티칸의 중심은 교황이다. 교황은 우주의 중심이며, 우주의 모든 권위가 신의 대행자인 교황으로부터 나온다. 그런데 이러한 우주가 지동설로 그 해석이 바뀌게 되면, 지구는 저 은하계의 먼지가 되며, 바티칸은 저 먼지의 먼지가 되며, 바티칸에 앉아 있는 교황은 저 먼지의 먼지의 먼지가 되어버리고 만다. 그야말로 쥐좆 끝에 달린 터래기의 터래기만도 못한 존재가 교황이 되고 만다."

우리는 물어야 한다. 우리가 상식이라고 여기고 옳다고 믿는 것들이 과연 상식과 진리일까. 인간이 믿는 상식과 진리는 시대에 따라 변화했다. 인류학자 클리포드 기어츠가 말한 대로 상식이란 "전래된 관습과 익숙해진 믿음, 습관적인 판단, 자연스레 터득한 감정이 얽힌 해묵은 덩어리"라고 하는 것이 더 옳을 것 같다. 찰스 다윈이 『종의 기원』을 통해 진화의 법칙을 발견했지만 지구의 역사를 "대략 육칠천 년"이라고 주장하는 사람도 있다. 당대의 상식은 잠시 믿고 있었던 잠정적 견해다. 언제나 바뀔 수 있다.

조선시대 양반들은 첩을 거느릴 수 있었다. 그 사회는 이를 당연하게 받아들였다. 터키에서는 고개를 가로젓는 게 긍정의 신호고, 고개를 끄덕이는 것은 부정의 신호다. 오스만 제국의 지배를 받을 당시 개종을 강요당했는데 겉으로는 동의하지만 속으로는 동의하지 않았던 터키인의 역사 때문에 그런 문화가 생겼다고 한다.

내 견해가 절대적으로 옳다고 주장하거나 고집할 수도 없다. 우리가 성찰하지 않는다면 언제든지 마녀사냥은 되풀이될 것이다. 그리스 시대에는 시민계급의 남자들만 철학과 정치에 참여할 수 있었다. 여자들은 정치는 물론 철학적 논쟁과 예술 창작에 참여할 수 없었다. 여성의 경우 미국에서는 1960년대, 스위스에서는 1970년대까지 투표권이 없었다. 그게 당시의 상식이었다.

오늘날 우리가 알고 있는 상식이 상식이 되기까지 오랜 시간이 필요했다. 때로는 피나는 노력과 희생이 요구됐다.

'모든 인간은 평등하다.'

'모든 인간은 자유를 누릴 권리가 있다.'

이 같은 명제가 상식이 된 것도 불과 백 년이 채 안 된다. 상식은 고정된 개념이 아니라 끊임없이 갱신되는 개념이다. 올바른 사유를 하며 살기 위해서는 우리가 사는 시대와 속한 사회의 생각에 묶여선 안 된다. 어려운 일이다. 끊임없이 성찰하고 회의해야 가능하다.

오늘날은 돈이 신이자 신앙인 시대다. 돈의 영향권으로부터 자유롭지 않다면 우리가 가진 자유는 거짓 자유다. 에리히 프롬의 진단은 귀 기울일 필요가 있다.

"모든 것이 다 갈망의 대상이 될 수 있다. 우리가 일상생활에서 사용하는 물건들, 재산, 의례, 선행, 지식, 사상 등 모두 갈망의 대상이 될 수 있다. 그것들은 그 자체로서는 '나쁘지' 않은데 나쁘게 변한다. 즉 우리가 그것들에 집착할 때, 그것들이 자유를 해치는 쇠사슬이 될 때 그것들은 우리의 자기실현을 방해하는 것이다."

죽고 나면 염불이
무슨 소용이냐

  중이 제 머리 못 깎는다는 말이 있다. 그런데 깎을 수 있다. 안전면도기만 있으면 삼 분 만에 머리를 다 깎는다. 남의 손 빌리지 않고 머리를 깎을 수 있는 사람은 많이 없다. 그래서 이제 속담은 바뀌어야 한다. '중만 제 머리 깎을 수 있다'고 말이다. 우리는 참 많은 고정관념에 갇혀 살고 있다. 특히나 종교인들은 이래야 한다는 고정관념이 많다.

  "스님이 선글라스도 껴요?" "스님이 윙크도 해요?" "스님은 점잖아야 하지 않나요?"

  어디에도 그런 법은 없다. 스님이 윙크해도 되고 점잖지 않아도 된다. 그렇다면 스님은 왜 세상일에 관심을 가지면 안 될까. 왜 정치에 관심을 가지면 안 될까.

  정치의 자유가 있는 나라에서 한 사람으로서 정치적 입장을 갖는 것은 자연스러운 일이다. 정치와 무관한 삶을 사는 사람은 없다. 인간의 모든 행위가 정치다. 우리 사회에서 종교인들이 정치적 문제를 거론하는 건 백안시된다. 종교인이 국가나 정치판을 비판하면 고개를 갸웃거린다. 반면 국가를 위한 기도회나 법회를 여는 건 좋은 일이라고 생각한다.

나눔이나 선행을 이야기할 때도 비슷하다. 어려운 이웃을 돕자고 하면 박수친다. 내가 봉은사에 있을 때 강남 지역 어려운 사람들에게 도시락을 전달했다. 오래 전부터 해온 일이다. 강남에도 꽤 많은 결식아동이 있었다. 한창 무상 급식에 대한 찬반 논쟁이 우리 사회에서 벌어지고 있을 때였다. 김장철이 되면 김장을 나누고, 동지에는 팥죽을 쑤어 돌리고, 초파일에는 이웃주민들에게 한 끼라도 대접해 올렸다. 봉은사에서 했던 일을 국가에서 해야 한다고 말하면 반응이 달라진다. 분배를 요구하면 거부감을 보인다.

선행과 정치의 경계선은 어디일까. 부유한 사람이 가난한 사람과 나누는 것은 선행이다. 선행에는 시혜가 담겨 있다. 그런데 국가가 모든 이를 위해 복지를 베푸는 일은 이념 문제가 되고 만다. 국가가 국민에게 의무를 부여하는 데 차별이 없듯 국가가 국민을 위해 행하는 복지도 차별이 없어야 한다. 이것이 이념 문제일까. 국가 재정과 경제적 상황에 따라 정책을 탄력적으로 시행할 수는 있다. 그러나 이 문제를 이념 문제로 만드는 건 정치적

편견이자 고정관념이다. 일부 정치권이 이를 더욱 증폭시키고 있다. 낡은 정치의 일환이라고 볼 수 있다.

종교인의 정치 참여도 마찬가지다. 고통의 현장에 가서 기도해주거나 죽은 사람을 위해 천도재를 올려주면 모두 감사해 한다. 종교의 마땅한 역할이다. 하지만 그것이 종교의 역할을 다하는 걸까?

히틀러의 만행에 맞서 싸웠던 본회퍼 목사는 물었다.

"어느 미친 운전사가 차를 몰고 있습니다. 만약 당신이 그 현장에 있다면 그리스도인으로서 당신은 그 차 때문에 다친 사람들을 쫓아다니며 치료만 해주고 기도만 해주겠습니까? 아니면 미친 운전사를 끌어내리겠습니까?"

베트남 틱꽝득 스님은 1963년 6월 11일 남베트남 정부가 부정부패를 일삼고 독재를 하는 걸로도 모자라 외세를 끌어들여 베트남전쟁을 일으키자 이에 항거해 분신했다. 불살생을 신조로 하는 스님이 왜 그랬을까. 틱꽝득 스님은 스스로 몸에 석유를 붓고 불을 붙여 자기 몸을 바치는 소신공양을 올렸다. 틱꽝득 스님이 죽고 나자 남베트남 정부는 갖은 유언비어를 퍼뜨렸다. 하지만 운구를 따르는 군중의 행렬은 칠 킬로미터 넘게 이어졌고 십만 군중이 모인 가운데 틱꽝득 스님의 장례식이 엄숙히 치러졌다. 지금도 호치민에는 틱꽝득 스님을 기리는 동상이 서 있다.

세상과 함께 아파하는 것은 수행자라면 마땅히 가야 할 길이다. 절집에는 "중생이 아프면 부처도 아프다"라는 말이 있다. 출가의 이유는 호의호식도 아니고 자신만의 안락도 아니다. 나 자신과 이 세상을 살아가는 뭇 중생들의 고통을 해결하기 위해 수행자는 존재한다. 그것을 위해 고행도 마다하지 않는 것이다.

그게 아니면 노동하지 않는 종교인이 먹을 것, 입을 것, 잠자는 것을 걱정하지 않고 살 까닭이 없다. 그저 자기 문제를 해결하기 위함이라면 스스로 해결하면 된다. 왜 출가해서 많은 사람의 시주 은혜를 받겠는가. 종교인이 누리는 모든 것은 세상으로부터 온다.

세상의 고통에 대해 입도 벙긋하지 않는다면 그 사람은 종교인이 아니다. 제 손으로 일하지 않으며 밥만 축내는 식충이에 불과하다. 식충에게 합장하고 공양을 올리고 시주할 까닭은 없다. 서슬 퍼런 1970년대에 '민주회복 반독재선언'에 이름을 올렸던 법정 스님도 마지막까지 시주의 무서움을 가볍게 생각해서는 안 된다고 했다.

우리 사회에는 고통에 함께하며 많은 울림을 준 종교인이 있다. 문정현 신부님이 대표적이다. 나는 봉은사에서 천일기도를 끝내고 신도들과 함께 처음으로 용산참사 현장에 갔다. 끔찍하기가 말로 할 수 없었다. 고통에 빠진 유가족들을 만나며 나는 울었다. 수십 년 수행했다는 게 창피할 정도로 울었다. 그 뒤로도 몇 차례 용산 유가족들이 농성하고 있던 현장에 갔다. 갈 때마다 문정현 신부님이 있었다. 유가족과 함께 먹고 자며 싸울 일이 있으면 지팡이를 짚고 싸운다고 했다.

문정현 신부님은 다리가 불편하다. 인혁당 사건 때문이었다. '사법살인'이라고 불리는 이 사건은 1974년 4월에 벌어졌다. 법원에서 사형 선고가 내려지기 무섭게 바로 사형을 집행했다. 박정희 정권의 잔인한 고문으로 인혁당 관계자들의 몸에는 시퍼런 멍자국이 가득했다고 한다. 고문 사실이 탄로 날까 봐 시신을 화장한 뒤 유족들에게 인계했다. 당시 문정현 신부님은 그 소식을 듣고 서울구치소로 달려갔지만 이미 사형 집행이 이뤄지고 난 뒤였다. 그는 차량 위에 올라가 격렬히 항의했다. 그때 다리를 다쳤다. 그 후 문정현 신부님은 지팡이를 짚고 다닌다.

한번은 용산참사 현장에서 문정현 신부님과 잠시 이야기 나눈 적이 있다. 그때 나는 문정현 신부님에게 힘들지 않으냐고 물었다.

"나야 뭐 하는 일 있소. 고통받는 사람들이 같이 싸우자면 같이 싸우고 같이 있어달라면 같이 있어주는 것뿐이지……."

그 말을 듣고 등골이 서늘했다. 다만 같이 있어줄 뿐이라는 말은 얼마나 무서운 말인가. 종교인들이 있을 곳은 문정현 신부님의 말처럼 눈물 흘리고 고통받는 사람들 곁이다. 나 또한 고개가 숙여진다. 지금도 문정현 신부님은 강정마을에서 평화를 위해 싸우고 있다. 가끔 제주에 갈 때마다 만나면 죄송하기 그지없다.

함세웅 신부님, 문규현 신부님, 전종훈 신부님, 이해동 목사님…… 훌륭한 분들이 많다. 불의와 고통이 있는 곳에 언제 함께하고 진실을 지키려고 애쓰는 사람들이 있어서 우리 사회가 그나마 퇴보하지 않는 것이다.

동시에 그러한 빛이 되고 있는 분들이 무척 소수라는 것도 분명한 사실이다. 종교가 세상을 위해 제대로 된 역할을 못하는 것은 그 때문이다. 특히 조계종은 잘못된 것을 지적하는 이들을 무차별적으로 징계를 하고 자신들의 잘못을 알리는 언론들에 대해 취재금지, 출입금지, 접촉금지 등의 유신시대에도 없던 탄압을 가하고 있다. 2018년 벽두에 법원에서 이러한 언론탄압이 부당하다며 취재금지를 풀라고 판결했음에도 불구하고 여전히 치외법권처럼 문을 닫아걸고 있다.

그러면서도 종교인이랍시고 사회적으로 힘든 곳에 얼굴을 내밀고 있다. 진실성과 자기 희생이 없는 선행은 좋은 포장지에 불과하다. 종교는 오랜 기간 그런 포장지를 두르고 가면을 쓰고 있었다. 특히 불교는 그렇다. 고통을 당하고 있는 사람들이 있다면 그 고통을 가하고 있는 사람들도 있는데 그쪽을 향해서는 아예 얘기하지 않기 때문이다. 그쪽은 돈 있고 힘 있는 쪽이다. 그들에게 밉보이면 곤란하기 때문에 입을 닫고 있는 것이다.

불교는 사회 참여가 다른 종교보다 부족하다. 4대강 사업을 찬성하여 훈장을 받거나 2007년 이명박 대선 캠프의 선거운동원으로 참여하는 등 지도급 인사들의 부끄러운 행보는 불교를 더 국민으로부터 멀어지게 하는 일이다.

세속에 불의한 일이 있어도 처자식 있는 국민은 나서기 힘들다. 그럴 때 대신 종교인들이 나서야 한다. 불의에 맞서는 창이 되고 고통받고 억압당하는 자들의 방패가 되어야 한다. 1987년 6월 항쟁 당시 명동성당에서 농성하고 있던 대학생들을 경찰이 연행하려고 할 때 김수환 추기경께서는 외쳤다.

"나를 밟고 가라. 그리고 그다음에는 신부들을 밟고 가라. 그 다음에는 수녀들을 밟고 가라. 그런 연후에 여기 있는 사람들을 잡아갈 수 있을 것이다."

그때 김승훈 신부님이나 함세웅 신부님 같은 분들이 목숨을 걸고 박종철 열사의 죽음을 알리고 김수환 추기경 같은 분이 방패가 되어주지 않았다면 고통으로 가득 차 있던 그 시대를 우리가 어떻게 뚫고 나올 수 있었을까.

종교가 고통과 함께한다는 건 그 고통의 근원에 대해 주목하고 발언하고 행동하는 것을 뜻한다. 잘못된 일에 대해 침묵으

로 동조하지 않고 발언하여 항거하는 것도 종교인의 중요한 사
명이다.

곪은 상처는
터져야 낫는다

　1986년 10·27 법난 규탄 대회로 인해 감옥에 다녀온 뒤 해인사에 있을 때다. 중앙승가대 학생들이 나에게 안암동에 있는 개운사 주지를 맡아달라고 부탁했다. 선방에 다니는 수행승이 무슨 주지냐며 마다했다. 그들의 삼고초려와 주변 스님들의 권유에 못 이겨 개운사 주지를 맡았다. 그게 1987년 3월쯤이었다. 박종철 열사가 물고문당해 죽고 온 세상이 소란스러운 때였다. 불자였던 박종철 열사의 아버지 박정기 선생님과 함께 임진강에 가서 박종철 군의 유해를 뿌렸다.

　당시 개운사는 제2의 명동성당이라고 불릴 정도로 소위 '운동'을 많이 했다. 주말마다 얼마나 많이 집회를 했던지 지역 담당인 성북경찰서장이 불자라며 찾아와 평일에는 대학생들 데모 막느라 전경들이 쉴 수 없는데 주말마다 개운사에서 집회를 여니

주말에도 워커 끈을 풀 수 없다며 좀 살려달라고 간청하기도 했다.

개운사에서 집회가 없을 때는 종로로 나가 시위했다. 그 시절엔 최루탄 맞고 눈물 콧물 흘리는 게 일상이었다. 조계사 옆에 있는 종로경찰서에 몇 차례 잡혀 갔다. 본래는 주지를 맡고 있다 보니 시위대 뒤에 있다가 경찰에 잡혀간 승가대 스님들이나 대불련 학생들을 구하는 역할을 해야 했다. 그런데 내 성미가 불의를 보면 참지 못했다. 그 때문에 전경들이 학생들을 무차별로 구타하고 끌고 가는 모습을 보면 나섰다가 붙잡히곤 했다. 그 시절에 전경들에게 붙잡혀 끌려가던 모습을 한국일보 고명진 기자가 찍었는데 지금도 그 사진은 리영희 선생님과 함께 찍은 사진과 나란히 내 책상 앞에 놓여 있다.

그렇게 싸웠던 1987년 6월 항쟁도 노태우의 6·29 선언과 김영삼과 김대중의 분열로 대선에서 패배한 채 좌절된 혁명이 되고 말았다. 4·19 혁명 때도 마찬가지였다. 이승만 정부를 무너뜨렸지만 제대로 된 개혁을 하지 못하고 우왕좌왕하는 혼란한 틈에 군인이던 박정희가 5·16 쿠데타를 일으켰다.

세상이라는 것이 모래시계 뒤집듯 금방 바뀌는 게 아니다. 오래 묵은 적폐는 곳곳에 뿌리내리고 있다. 쉽게 바뀌지 않는다. 뿌리 뽑히지 않으면 다시 일어나기 마련이고 제대로 자라지 않은 새순을 휘감아 말려 죽이는 법이다.

촛불혁명은 위대한 시민혁명이었지만 미완의 혁명이다. 4·19 혁명, 6·10 항쟁에서 못다 이룬 꿈을 이루려는 우리 시대의 마지막 혁명인지도 모른다. '이명박근혜' 시대에 우리 사회는 너무 망가졌다. 무엇보다 도덕과 정의, 건강한 상식이 무너졌다. 돈은 잃어도 다시 벌 수 있다. 그러나 도덕이 무너지면 다시 일어서기 어렵다. 욕망에 눈 멀어 도덕도 상식도 인간성도 내버린 야만의 시대였다. 그 시대에는 너무 많은 사람이 고통받았다. 대표적인 게 용산 참사, 쌍용차 부당 해고, 세월호 참사의 희생자들이다. 평범한 시민으로 살던 사람이 크나큰 고통을 당했다.

이제 시민들은 상식적인 세상을 원한다.

첫 번째 상식은 부당하게 내쫓긴 자들이 제자리로 돌아가는 세상이다.

전 KB한마음 대표 김종익씨는 이명박을 비판하는 동영상을 인터넷에 링크했다가 그야말로 탈탈 털려서 패가망신했다. 그 후 여러 번 자살할 생각을 했다고 한다. 그 시절 불자라는 인연 때문에 나는 그를 만날 수 있었다. 그는 성격이 순해 세상 살 수 있겠나 할 정도로 순둥이 중 순둥이였다.

김종익씨는 십 년 가까이 지난 지금도 그때 이야기만 하면 정신이 아득해지고 눈물을 흘린다. 트라우마 때문에 깊은 우울증도 겪었다. 최근 밝혀진 바에 따르면 이명박정부는 김종익씨를 어떻게든 엮어서 잡아넣으려고 했다고 한다. 당시 그를 조사한 경찰은 그에게 혐의가 없다고 보고했다. 그런데 청와대 지시를 받은 총리실 공직자윤리지원관실에서는 더 조사를 하다 보면 무언가 나올 거라고 억지로 사건을 만들려고 했다. 심지어는 혐의가 없다는 보고를 한 경찰을 면박까지 줬다고 한다. 불법사찰과 증거 인멸에 청와대가 개입했다는 사실을 폭로하고 양심 고백한 장진수씨도 제자리로 돌아가야 한다. 진실을 지키려다 부당하게 쫓겨난 이들 모두 제자리로 돌아가야 한다.

광우병의 위험성을 보도한 MBC PD수첩 관계자들도 수사를 받았다. 그 수사가 부당하다고 한 임수빈 검사는 옷을 벗어야 했다. 그런 시대였다. 죄를 짓지 않아도 권력의 눈에 거슬리면 죄가 만들어져야 하는 시대였다. 그것을 두고 야만이 아니라고 하면 어떤 시대를 야만의 시대라 부를 수 있을까. 국민의 생명과 재산, 자유를 지키기 위해 존재하는 게 현대적 의미의 국가다. 그러나 '이명박근혜' 시대의 국가는 모두 내팽개치고 자신들과 힘 있는 자만을 위해 봉사했다.

문화예술계 블랙리스트는 문화예술인만의 문제가 아니다. 우리의 정신을 망가뜨리는 일이다. 모두 제자리로 돌아가야 한다. 비록 시간이 걸리더라도 제자리로 돌아갈 수 있게 힘을 불어넣어야 한다.

두 번째 상식은 죄지은 자는 부와 지위에 관계없이 사필귀정으로 처벌받는 세상이다. 자신이 뿌린 대로 거두는 세상이 되어야 공정한 사회다. 공정함을 따로 찾을 필요 없다. 뿌린 대로 거둘 수 있게 하면 된다. 이는 자비다. 당하는 자에게는 가혹하더라도 그 죄를 단죄하여 사회를 공정하고 밝게 만드는 것이기 때문이다. 바름을 세우는 엄정함이 있어야 잘못한 자들이 뉘우칠 수 있다는 점에서 더 그러하다. 죄를 짓고도 잘못을 묻지 않는다면 죄지은 자는 자신의 잘못을 뒤돌아보지 않고 다시 죄를 지을 것이며 또다시 피해자가 생긴다. 동시에 그 자신도 더 큰 죄의 구렁텅이로 빠져들게 된다. 우리 역사는 청산할 것을 청산하지 않았다. 오늘날까지 그 악순환이 반복되고 있다.

죄가 있어도 돈과 빽만 있으면 처벌받지 않던 세상. 돈과 빽으로 편법, 부정, 비리 등을 저지른 최순실의 딸 정유라는 자신의 입학 비리 사건에 대해 다음과 같은 글을 SNS에 게시했다.

"능력 없으면 니네 부모를 원망해. 있는 우리 부모 가지고 감 놔라 배 놔라 하지 말고. 돈도 실력이야. 불만이면 종목을 갈아타야지. 남의 욕하기 바쁘니 아무리 다른 거 한들 어디 성공하겠니?"

고려시대 과거 시험을 거치지 않고 상류층 자제를 특별 채용하는 제도인 음서제가 은밀히 적용되었던 외교부, 인맥을 통해 끼리끼리 신입사원을 채용한 은행들, 강원랜드 등. 한국 사회의 썩은 토대는 무너지는 것이 옳다. 그 시작이 죄지은 자들이 단죄를 받는 것이다. 그래야 사회가 맑아진다.

세 번째 상식은 잘못된 역사를 청산하고 건강한 정신을 지향하는 사회를 만드는 것이다.

나치에 협력한 반역자에 대한 샤를 드골의 숙청 방침은 다음과 같았다.

"나치 협력자들은 정치적 결정, 주로 정치 활동과 때로는 군사행동 그리고 행정 조치 및 언론의 선전 활동 등의 변화무쌍한 형태로 프랑스 민족의 굴욕과 타락뿐만 아니라 나치 독일의 박해마저도 미화했다. 민중의 분노가 폭발하는 것은 너무나 당연하다. 나치 협력자들의 엄청난 범죄와 악행을 방치하는 것은 국가 전체에 전염하는 흉악한 종양들을 그대로 두는 것과 같다. 국가가 애국적 국민에게는 상을 주고 민족 배반자나 범죄자에게는 벌을 주어야만 비로소 국민들을 단결시킬 수 있다."

역자재판소는 1948년까지 모두 칠천 명이 넘는 사람들에게 사형을 선고했다. 이 중 칠백아흔한 명이 실제 처형됐다. 사만여 명이 징역형을 받았고 친독 문인들은 작품 발표가 금지됐다. 친독 노조 지도자들은 노조에서 추방됐다. 부역 언론들은 폐간됐다. 무엇보다 비시정부의 페탱과 라발 등 최고위 관료 여덟 명은 1944년 11월 사형선고를 받았다. 페탱은 종신형으로 감형됐고 라발 등 세 명은 처형됐다. 프랑스는 사 년여간 나치 식민지를 경험한 후 부역자와 협력자에 대한 대숙청으로 과거사 청산을 확실히 한 셈이다.

프랑스가 과거를 정리하는데 가장 중요하게 여긴 가치는 '기억에 바탕을 둔 진실과 정의'였다. 특히나 가혹했던 언론인을 포함한 지식인에 대한 청산은 우리가 꼭 본받아야 할 점이다. 지식인이라면 최소한 저항하지 못했다면 침묵하기라도 해야 하고 언론은 침묵으로서 동조하는 것만으로도 죄에 가담한 것이라고 봤다. 그래서 나치 지배 아래 보름 이상 발간된 일간지는 모조리 폐간됐다. 또한 재산은 몰수되었고 나치를 찬양하거나 지지하는 논조의 글을 쓴 언론인들은 모조리 체포되었다.

그런데 우리에게는 박근혜를 "형광등 백 개를 켜놓은 듯한 아우라"가 난다며 찬양했던 언론인들이 아직 남아 있다.

이 모든 것을 이끈 드골은 다음과 같은 말을 남겼다.

"프랑스가 다시 외세의 지배를 받을 지라도, 또 다시 민족 반역자가 나오는 일은 없을 것이다."

한 번도 제대로 청산하지 않은 우리 역사. 그것이 쌓여 적폐가 되었다. 정유라의 SNS 게시물은 비단 그 한 사람의 언어가 아니다. 국민을 '개돼지'라고 칭했던 나향욱 전 교육부 정책기획관의 말 역시 한국의 기득권이 가지고 있는 사고체계이자 그들을 추종하는 많은 이의 생각이기도 하다. 그렇기 때문에 우리에게 언제든지 '이명박근혜' 시대가 되돌아올 수 있다. 과거 청산을 하려면 드골이 얘기했듯 정신을 바꿔야 하는 것이다. 잘못된 세상이 올지라도 적어도 이 나라에서는 잘못된 세상에 동조하는 이가 생기지 않을 만큼 철저히 말이다. 그러기 위해서는 우리 모두 아파야 한다. 종기를 뽑아 내지 않는 한 곪은 상처는 낫지 않는다. 상처 난 부위를 찢고 뿌리까지 파내야 한다. 그것이 진정한 치료다.

3장

어 떻 게

사 는 게

잘 사 는 걸 까

대체 어떤 게
잘 사는 겁니까?

봉은사는 강남 한복판에 자리한 신도 수만 이십만 명의 큰 절이다. 문재인 대통령 등 한국 사회를 주름 잡는 정치인이며 언론인들, 이름만 대면 알 법한 기업가들이 많이 드나들었다.

언젠가 봉은사 다래헌에 앉아 있는데 '발신자 표시제한'이라는 문자가 뜨면서 전화가 울렸다. 궁금해서 전화를 받았다.

"봉은사 명진 주지 스님이시죠?"

"예."

"저는 한나라당 후보 박근혜입니다."

그래서 내가 그랬다.

"왜 박근혜가 전화를 해? 시끄럽다. 근데, 목소리가 진짜 똑같네. 너, 누구냐?"

큰 절에 있다 보면 이렇게 정치 성향이 뭐든 다들 찾아온다.

그 가운데 삼성전자 부회장 이재용씨도 있었다. 그는 지인과 함께 몇 차례 봉은사를 찾아왔다. 어느 날 그와 차를 한잔 했는데 그가 물었다.

"스님, 대체 어떤 게 잘 사는 겁니까?"

돈만 벌면 행복할 줄 알고 달려온 대한민국 최고 부자의 질문이었다. 그는 그 뒤로도 여러 차례 고민을 털어놓았다. 이재용씨만이 아니었다. 내가 만나본 한국 사회의 수많은 명사와 부자들 모두 비슷한 고민을 하고 있었다. 오히려 그런 고민이 없던 사람을 꼽는 게 더 빠를 정도였다. 한국 최고의 부자라고 불리는 사람들도 사는 게 어렵고 행복하지 않다.

부자가 되기만 하면 행복할 줄 알고 모두가 불나방처럼 달려왔지만 수십 조의 자산을 가진 최고 부자도 행복하지 않은 오늘의 대한민국이다. 돈 많다는 재벌들은 재산을 상속을 받기 위해 불법을 저지르고, 형제들끼리 낯 뜨거운 재산 싸움을 벌인다. 급기야 사람을 붙여 미행까지 할 정도니 핏줄을 나눈 형제가 아니라 차라리 원수다. 돈 앞에 부모, 형제도 못 믿고 싸워야 하는 삶에 무슨 행복을 논할 수 있을까. 오히려 많이 가질수록 물질에 더 집착하게 된다. 더 돈의 노예가 된다. 돈은 너무 많아도 불행하고 너무 없어도 불행하다.

찰스 다윈이 『비글호항해기』에서 노예제도를 비판하며 쓴 문장이다.

"빈곤의 비참함이 자연법칙이 아니라 우리의 사회제도에 의해 비롯되었다면, 우리의 죄는 중대하다."

인류 역사의 패러다임을 바꾼 다윈은 『종의 기원』을 통해 적자생존의 진화론을 주창했다.

그런데 사람들은 적자생존을 힘센 자가 살아남는다는 걸로 오해하고 이것이 자연의 법칙이라고 한다. 다윈이 말한 적자생존은 약육강식이 아니다. 자연에 적응하는 것이다.

다산 정약용은 「가난한 근심」에서 말한다.

"세상 사람들은 악착스레 이익을 추구하며 정신없이 내달리느라 정신이 고달프다. 그러나 돌아보면 모두 쓸데없는 일이다. 누에가 고치를 깨고 나올 때쯤이면 뽕잎이 먼저 뿜어져 나오고, 제비 새끼가 알을 깰 즈음이면 날벌레가 온 들에 가득하다. 아기가 세상에 태어나 첫 울음을 울면 벌써 젖이 졸졸 흐른다. 하늘은 사물을 내며 그 먹을 것도 함께 내준다."

자연법칙은 그러하다. 모든 생명이 저마다 자기 먹을 것을 가지고 태어난다. 너무 염려할 필요가 없다는 것이다.

오늘날 지구의 농업생산력은 백이십억 명을 거뜬히 먹여 살릴 수 있다. 그런데도 전 세계 칠십억 인구 가운데 십이억 명이 굶주리고 있다.

식민지와 동족상잔의 전쟁을 겪은 지 얼마 안 된 1960년대 한국은 국민소득 육십구 달러로 전 세계 조사 대상 백이십 개 국가 가운데 인도 다음으로 못사는 나라였다. 지금은 우리가 원조하는 나이지리아 등의 아프리카 국가들보다 더 빈국이었던 셈이다. 하지만 1960년대에서 1970년대 '잘 살아보세', 1980년대 '마이카 시대' '마이홈 시대' 등의 구호를 내세우며 급성장했다. 2000년대에는 국민소득 이만 달러를 넘어 섰고 경제협력개발기구에 가입했다. 경제규모 세계 10위권의 나리가 된 것이다. 1960년대와 비교해 국민소득은 삼백오십 배, 교역량은 천구백 배 증가했다. '한강의 기적'이라 불릴 만큼 단시간 내에 이렇게 성장한 나라가 없다.

경제적으로 부유한 나라가 됐지만 행복한 나라가 되지 못했다. 2017년 유엔의 「세계행복보고서」에서 한국의 행복지수는 155개국 중 56위를 기록했다. 2014년에서 2016년까지의 조사에서 10점 만점에 5.84점을 받았다. 태국, 대만, 말레이시아에도 못 미쳤다.

장기실업률은 최저 수준이다. 직장이 있다고 행복하지 않다. 업무 스트레스는 최고 수준이다. 수입과 취업률은 평균보다 낮다. 교육과 기술 부문에서는 경쟁력을 갖고 있지만 사회 지원과 공기 같은 환경의 질은 최저 수준으로 나타났다.

한국 사회가 왜 물질만 좇는 천박한 사회가 되었을까. 그 원인 가운데 하나가 이승만이 친일 청산을 제대로 하지 않은 탓이다. 사회적 가치를 제대로 적립하지 않고 냉탕 온탕을 오가던 이승만은 결국 부정선거와 부패혐의로 하와이로 쫓겨났다. 결정적 원인은 국시를 인간적 가치가 아닌 '반공'으로 내세운 박정희에게 있다.

한 나라의 나아갈 바가 무엇을 반대한다는 것은 얼마나 유치하고 어리석은 일인가. 고조선시대에는 홍익인간 정신이 있었다. 고려시대에는 불교라는 가치철학이 있었고, 조선시대에는 유교라는 국가철학이 있었다. 그런데 현대 국가를 자처하는 대한민국의 국시는 '반공'이었다.

박정희는 오로지 성공을 위해 민족을 배신하고 일본군이 되었다. 이름도 '다카키 마사오'로 바꾸었다. 1940년 만주군관학교 시절까지는 조선 이름의 흔적이 남아 있던 다카키 마사오를 일본 육군사관학교에 편입한 뒤에 일본인 이름처럼 보이는 '오카모토 미노루'로 바꾼다. 출세를 위해 일왕 앞에 혈서로 충성 맹세도 했다.

박정희는 좌익 운동가였던 형 박상희의 영향을 받아 해방 후에도 좌익 활동을 했다. 남로당 활동을 하다가 1948년 여순 사건 때 체포돼 군법회의에서 사형을 선고받았다. 역사학자들의 연구에 따르면 자신이 알고 있는 군부 내 남로당원 명단을 군특무대에 실토해 살아남았다고 한다. 자기 살자고 동지들을 고변한 뒤 카멜레온처럼 살아남은 것이다.

'반공사회'에서 철학을 대신한 건 물질적 욕망이었다. 오로지 눈앞에 보이는 물질만을 쫓았다. 내가 이명박을 그토록 싫어했던 가장 큰 이유는 박정희처럼 이명박 역시 수단과 방법을 가리지 않고 성공만을 쫓아온 인물이기 때문이다. 전과 14범인 이명박은 부자로 만들어주겠다는 '747 공약'으로 국민을 현혹했다.

지금의 한국 사회는 부자는 자신의 부를 지키기 위해 불행하고 가난한 자는 없어서 불행한 사회다. 물질적 욕망만 쫓는 이 사회의 불평등 구조를 개선하지 않고는 '헬조선'을 극복할 수 없다. 국민 대다수는 국가가 부여한 의무를 충실히 짊어지고 있다. 국가 또한 헌법에 보장된 국민행복의 책임을 다해야 한다.

대한민국은 뒤틀리고 기울어진 운동장이다. 적폐를 청산하지 않는 것은 오염된 땅을 그대로 두는 것과 같다. 그 땅에 아무리 씨 뿌리고 열심히 농사지어봤자 허탕이다. 새로운 희망의 농사는 썩은 땅을 갈아엎는 것으로부터 시작되어야 한다.

중요한 것은 기준점이다. 어떤 것을 삶의 기준점으로 삼아야 할 것인가. 물질이 우리를 행복하게 해줄 거라고 믿었던 때가 있었다. 우리는 불나방처럼 그것을 향해 달려왔다. 이제 우리는 물질적 욕망만으로 행복해질 수 없다는 걸 안다. 그 자체가 희망이고 새로운 길의 디딤돌이다. 어떤 가치를 추구해야 할까. 문제가 있다면 답도 있다. 찾는 것이 우리 몫이다.

이런 호사가
또 어딨나

여름에 산에서 지내다 보면 비의 모습도 더 잘 보인다. 하루는 장대비가 내리고 하루는 또 안개비가 퍼진다. 하루는 지붕을 뚫을 듯이 쏟아지다가도 다음 날은 언제 그랬냐는 듯이 말끔히 갠다. 잠깐 날이 개면 과일을 썰어 간식거리로 싸들고 산에 오른다. 비가 온 후에 초목의 풋내도 좋고 오래 묵어 흙에 섞여가는 낙엽의 독특한 냄새도 좋고 무엇보다 적당히 어우러지는 열기와 습기가 숲속 중생들의 생명력을 북돋워 산에 가득 찬 느낌이 참 좋다. 땀을 흘리고 산에 올라 산의 생기를 나눠받으며 과일로 갈증을 달래다 보면 이런 호사가 또 어디 있나 싶어 혼자 실없이 웃는다.

행복은 뭘까. 수많은 사람이 행복에 대해 고민했다. 국립국어원 표준국어대사전은 행복을 "생활에서 충분한 만족과 기쁨을 느끼어 흐뭇함. 또는 그러한 상태"라고 정의하고 있다.

일리노이대학교 에드 디너 교수는 삼십 년 동안의 연구를 통해 행복에 대해 백 편 이상의 학술 논문과 책을 썼다. 그가 처음 행복을 연구하겠다고 하자 지도교수는 말했다.

"행복을 연구하는 것은 불가능하네. 절대 측정할 수 없어."

지도교수의 반대에도 굴하지 않고 행복에 대한 연구를 거듭한 에드 디너 교수는 마침내 결론냈다.

"행복은 '주관적 안녕감'이다."

행복이란 사람들이 자신의 삶을 주관적으로 어떻게 평가하고, 무엇이 자신에게 중요하다고 생각하는가의 문제라는 것이다. 주관적 안녕감은 개인이 처한 객관적인 상황에 따라 어느 정도 좌우되지만, 그가 그 상황을 어떻게 생각하고 느끼는가에 따라서도 영향을 받는다.

많은 작가가 행복은 미스터리한 것이기 때문에 설명이 안 된다고 말한다. 행복은 나비 같아서 다가가려고 하면 더 멀리 달아난다고 비유하기도 한다. 눈에 보이지도 손에 잡히지 않는 행복을 붙잡으려고 하기 때문에 어쩌면 더 불행해지는 것인지도 모른다. 청개구리 같은 '행복의 역설'인 셈이다.

욕망하는 모든 것을 가질 수 없다. 다 가진다고 좋은 일도 아니다. 현대 자본주의는 끊임없이 새로운 것을 욕망하게 하여 없던 필요도 만들어낸다. 본래 인간의 삶이란 만족과 불만족 사이에서 진자처럼 왔다 갔다 해야 하는 것이다. 만족으로만 가득 채우려고 하면 도리어 탈이 난다.

노르웨이는 국민이 얼마나 행복하게 살고 있는지에 대한 각종 조사에서 1위를 기록했다.

"행복하니(Are you happy)?"

가장 행복한 나라들이 모여 있는 스칸디나비아 반도에서는 이 말을 잘 쓰지 않는다. 만일 다른 지역 사람들이 이렇게 물을 때면, '잘 지내십니까?' '안녕하십니까?' 정도로 이해한다고 한다.

우리는 어떤 면에서 지나치게 행복에 대해 관심이 많다. 그만큼 행복하지 않기 때문이다. 행복에 대한 집착은 우리를 더 행복으로부터 멀어지게 만든다. 아무리 좋은 거라도 집착하면 악성종양 같이 성질이 변한다.

노르웨이가 행복한 이유는 행복에 집착하지 않고 현재의 삶에 만족하기 때문이다. 여기에는 그들의 사고방식과 더불어 사회구조가 뒷받침하고 있다. 노르웨이의 행복은 국가와 국민과의 많은 대화를 통해 만들어낸 결과다. 노르웨이는 국민을 행복하게 하기 위해 다양한 복지제도를 펼쳐왔다. 일과 가정이 양립할 수 있는 사회적 환경을 만드는데 주력했다. 그 결과 대부분의 노르웨이 사람은 2016년 기준으로 연간 1,424시간 일한다. 우리는 같은 기간 두 배에 가까운 2,069시간을 일했다. 노르웨이 사람들은 시간이 많으니 틈만 나면 자연으로 놀러 가고 자기 손으로 아이를 기르니 행복할 수밖에 없다. 우리가 원하는 '저녁이 있는 삶'을 살고 있는 셈이다.

국가와 개인이 서로 협력할 수 있는 믿음도 중요하다. 노르웨이는 제2차대전 후 과거 청산을 단호히 했다. 나치에 협력한 사람들을 모두 처벌하고 그들의 전 재산을 몰수해 사회에 환원했다. 이런 사회의 가치 질서가 확립된 후에 함께 살아가고자 하는 공동체 의식이 형성됐다. 국가는 개인의 삶을 책임지고자 하고 국민은 공동체를 위해 기꺼이 세금을 내며 국가와 사회의 객체가 아니라 주체로 행동했다. 이를 가능케 한 역사와 사회적 구조를 이해할 때 우리 또한 나름의 방향을 정할 수 있다.

우리가 당장 노르웨이처럼 될 수는 없다. 중요한 것은 행복한 사회가 현실적으로 가능하다는 점이다. 지금처럼 물질적 부를 통해서만 행복에 이를 수 있다는 가치관을 버릴 때가 됐다.

행복을 과도하게 좇는다고 붙잡을 수 있는 건 아니다. 물질적 풍요가 행복을 가져다주는 것도 아니다. 우리 주머니 속 행복은 보지 않고 남 주머니만 바라보며 불행해지고 있는 게 아닐까. 행복은 멀고 특별한 곳에 있는 게 아니다.

미운 마음을
어떻게 하겠냐만

"생각하고 살지 않으면 사는 대로 생각하게 된다."

'생의 시인'이라고 불리는 폴 발레리가 우리에게 던지는 잠언이자 무심코 사는 우리를 내리치는 죽비다. 본래 시 구절은 "용기를 내어 그대가 생각하는 대로 살지 않으면, 머지않아 그대는 사는 대로 생각하게 된다"는 것이다. 여기서 중요한 건 '용기를 내어'다. 행복하고자 한다면 용기 내어 생각하고 살아야 한다. 생각한다는 것은 묻는 것이고 깊이 생각하는 것은 계속 묻는 것이다. 물음의 스위치가 내려지면 그 자리에서 생각의 시동은 꺼져버린다. 생각의 시동이 꺼지면 우리의 삶도 거기서 멈춘다.

나는 자주 산을 오른다. 낯선 산에 오르다가 길을 잃거나 갈림길에서 방향을 잡을 수 없게 되면 나는 반드시 그 자리에 멈춘다. 산에서 길을 잃은 때, 가장 먼저 해야 할 첫 번째 원칙은

'서라!'다. 일단 멈춘 후 모든 역량을 동원해 길을 확인하고 찾아야 한다. 지나온 길은 물론 앞으로 갈 길과 주변 지형 등을 살펴보며 길을 잡아나가야 한다. 삶의 길을 찾을 때도 마찬가지다. 멈추고 묻는 것이 지혜이고 용기다.

가야 할 길을 모른다면 어떤 길이든 상관없지 않은가. 그 길이 낭떠러지라도 어떨까. 막다른 길이라면? 어느 길이든 상관없다는 말 속에는 '가려는 길이 괜찮은 길'이라는 믿음이 있다. 욕망이라는 나침반이 가리키는 길이 괜찮을 길일까. 많은 사람이 가고 있으니까 나도 그 길을 가야겠다는 생각은 괜찮은 생각일까.

우리는 그동안 기존의 길을 '어떻게(How)'하면 잘 갈까만 고민했다. 하지만 나는 '왜(Why)'라고 질문한다. '왜?'라고 질문하면 우리가 왜 그 길을 가야 하는지 깨달을 수 있다. 이유를 알고 하는 일과 모르고 하는 일에는 엄청난 차이가 있다. 왜 해야 하는지 알게 되면 '무엇(What)'을 할지도 알게 된다.

"왜 사는가?"

막막한 질문이다. 나는 이 막막함이 '왜'라는 질문의 매력이자 힘이라고 생각한다. 질문이 막막하면 할수록 그 물음은 우리를 깊은 탐색의 길로 안내한다. "신중한 질문은 지혜의 절반을 차지한다"고 프랜시스 베이컨은 말했다. 질문의 깊이는 곧 생각의 깊이다. '우문'은 막막하지만 그 속에 '현답'이 있다.

자동차 회사 도요타는 문제에 부딪혔을 때 다섯 번 물어서 진짜 원인을 파악하고 진짜 대책을 세운다고 한다. 그들은 스스로를 그저 묻고 또 묻는 사람들이라고 정의를 내린다. 이렇듯 우리는 질문을 통해 근본에 가까워질 수 있다.

나는 출가하여 끊임없이 질문했다. 나 자신에게 물었고 큰스님들께 물었다. 오래 수행하다 보니 나에게 어떻게 살아야 하는지, 어떤 게 행복인지 묻는 사람도 꽤 많아졌다. 더러는 이런 질문도 받는다.

"미운 사람을 매일 봐야 하는데 어떻게 해야 하나요?"

참 힘든 일이다. 사람 관계가 언제나 맑은 하늘일 수는 없다. 그 구름처럼 마음은 변화하기 마련이다. 감정이 왜 틀어졌는지, 왜 미워하는 마음이 생겼는지 그 근원을 파악하는 게 먼저다. 스스로 물을 수밖에 없다. 나는 그들에게 말한다.

"미워해. 계속 미워해라. 미운 마음을 어떻게 하겠냐. 그런데 그 마음이 왜 생겼는지 스스로 생각해봐라. 그 마음이 정말 네 마음인지 물어봐라. 결국 마음의 시작도 끝도 너에게 있다."

질문은 삶의 여러 가지 문제를 해결하는 열쇠다. '어떻게'는 눈앞의 대책을 쫓는 반면 '왜'는 근본적인 문제를 성찰하는 동시에 답을 제시한다.

'왜'라는 질문은 인생의 길을 찾는 우리에게 제대로 된 삶의 나침반이 되어준다. 생각 없이 살았던 과거를 버리고 자기 길을 가는 첫발이 '왜'라고 묻는 것이다.

잘 사는 법은 잘 묻는 것이다. 수행에 있어 중요한 것은 답이 아니라 질문이다. 그 질문을 계속 유지하는 상태다. 화두는 답이 나오지 않는 막막한 물음인 셈이다. 우리를 미궁 속으로 끌고 가는 질문은 좋은 질문이다.

수행을 잘하고 있는 상태를 일컬어 '행주좌와어묵정동(行住坐臥語默動靜) 간에 화두가 일여(一如)'한 상태라고 한다.

움직이거나, 머무르거나, 앉았거나, 누웠거나, 말할 때나, 침묵할 때나, 움직일 때나 고요할 때나, 항상 화두를 들고 있을 때 가장 수행을 잘하고 있을 때라는 말이다. 삶의 비결은 답이 아니다. 질문이다. 묻고 있을 때 우리는 깨어 있다. 스물네 시간 화두를 들고 있다면 스물네 시간 깨어 있는 것이다. 성철 스님은 꿈속에서도 화두를 들고 있어야 한다며 몽중일여(夢中一如)를 강조했다.

물음에 답이 있고 길이 있다. 삶도 마찬가지다. 묻고 또 묻자. '우리는 왜 살까' '어떻게 살아야 할까' 답이 보이지 않아도 끝없이 물어보자.

모두가 줄 서서 일개미처럼 부지런히 사는 세상에서 혼자 멈춰서 질문하기 위해서는 용기가 필요하다. 남과 다른 행동을 할 수 있다는 것은 생각의 씨앗이 우리 안에 자라고 있다는 뜻이다. 이 생각의 씨앗이 죽지 않게 잘 키우는 것, 그것이 수행이고 내 삶의 주인이 되는 방법이다.

어쩌면 산중의 스님보다 번잡한 일상과 수많은 사람과의 관계 속에서 번민하고 부딪히는 현대인에게 수행은 더 필요하다.

제 갈 길 안 가고
뭐하러 남을 따라다녀

생이 끝없다면 배움도 끝이 없다. 단순히 지식을 쌓는 게 아니라 지혜를 넓혀야 한다. 지식은 많이 배우면 얻어진다. 지혜는 많이 배운다고 얻어지는 게 아니다. 마음을 비우면 지혜의 공간은 넓어진다. 복잡한 현대사회에 사는 우리는 끊임없이 선택의 기로에 선다. 어떤 선택을 하느냐에 따라 인생은 달라진다.

사르트르는 말했다.

"인생은 태어남(Birth)과 죽음(Death) 사이의 선택(Choice)이다."

인생은 마치 변화무쌍하게 흐르는 강물 같다. 때로는 산에 가로막혀 돌아가야 할 때도 있고 천길만길 떨어져 내리는 폭포 앞에 서야 할 때도 있다. 곡절 많은 인생 앞에서 과연 어떤 것이 올바른 선택이고 이것만이 길이라고 단순명쾌하게 이야기할 수 있을까.

나는 특강을 하거나 법문을 할 때 야구를 예로 들 때가 더러 있다. 그중에서 자주하는 이야기가 '타격의 신'이라 불렸던 테드 윌리엄스 이야기다. 그는 메이저리그 최고의 타자다. 그의 기록은 대단하다. 통산 4할 8푼이 넘는 출루율, 3할 4푼이 넘는 타율을 가지고 있다.

그가 최고의 타자가 될 수 있었던 것은 스스로의 연습과 노력도 있었지만 기본적으로 좋은 선구안을 가져기 때문이다. 그는 볼인지 스트라이크인지 직구인지 변화구인지 가려볼 줄 알았다. 인생도 마찬가지다. 좋은 인생을 살기 위해서는 좋은 것과 나쁜 것을 가려보는 선구안이 필요하다. 그 선구안이 지혜이다. 다행히 우리 삶의 선구안은 윌리엄스처럼 타고나지 않아도 충분히 좋아질 수 있다.

지혜는 거창한 게 아니다. 옥석을 가릴 줄 아는 안목이 지혜다. 수행할 때 '눈을 떠라' 하는 것은 제대로 보라는 뜻이다. 안목이 없으면 무엇이 좋고 나쁜지 모른다. 참인지 거짓인지 구분할 수 없다.

연암 박지원의 『연암집』에 실린 「붓을 씻는 그릇에 관한 이야기」에 다음과 같은 글이 실려 있다.

"서화나 골동품을 보는 사람에 대해 말하자면, 대체로 소장가와 감상가로 나누어볼 수 있다. 감상하는 안목과 식견은 없으면서 한낱 소장만 하는 사람은 단지 자신의 재물과 귀만 믿는 졸부이고, 감상은 잘하지만 소장하지 못하는 사람은 가난하지만 자신의 안목만은 저버리지 않는 사람이다.

우리나라에도 더러 서화나 골동품을 사랑한 소장가는 있었다. 그러나 그가 소장한 서적은 송나라 때 돈을 벌 목적으로 조잡하게 인쇄해 민간에 널리 퍼뜨린 건양 땅의 방각본에 불과하고, 서예와 그림은 소주 땅에서 나온 위조품일 뿐이다. 밤 껍질 빛이 도는 진귀한 화로를 보고 곰팡이가 피었다고 긁어대는가 하면, 값비싼 밀랍을 먹여 짙은 황색빛이 도는 최고급 종이인 장경지를 보고 더럽혀졌다면서 깨끗하게 씻으려고 한다.

조잡하고 천박한 물건을 만나도 진귀한 보물로 여겨 높은 값을 쳐주고, 오히려 진귀한 물건은 내팽개치고 간직할 줄 모른다. 이 얼마나 황당하고 어리석은 일인가!"

오늘날 우리의 모습은 이와 같지 않을까. 박지원 역시 안목과 식견의 중요성을 강조한다.

"안목은 본질을 꿰는 통찰력, 많이 보기만 하면 생기는 것이 아니라 욕심 없이 볼 때 만들어지는 것입니다. 식견은 근본을 읽는 평정심, 자주 듣기만 하면 생기는 것이 아니라 사심 없이 들을 때 만들어지는 것입니다."

안목이 욕심 없고 사심 없을 때 만들어진다는 대목에 주목할 필요가 있다. "욕심에 눈이 멀었다"는 말처럼 욕심은 사람을 어리석게 만든다. 마땅히 봐야 할 것을 못 보게 한다.

어떻게 하면 욕심에 눈 멀지 않고 맨눈으로 정확히 사물과 현상을 바라볼 수 있을까. 정직하게 세상과 마주해야 한다. 정직은 사심 없는 태도다. 사심을 버리면 바로 보인다. 그것이 안목을 기르는 최선의 방법이자 지혜의 길이다.

참선 공부를 할 때 스승을 잘 만나면 공부하기가 수월해진다. 스승이 한마디 해주면 안목이 바뀐다. 어차피 스스로 해결해야 할 문제지만 스승의 한마디가 막힌 관문을 뛰어넘게 해준다. 젊은 시절 나는 '강원이고 뭐고 소용없어, 깨달으면 되지, 참선해서 견성하면 돼.' 하여 모든 방법을 무시해버리고 혼자 잘난 체했다. 이 선방 저 선방으로 돌아다니면서 때로는 알았다는 착각에 덩실덩실 춤을 추기도 했다. 나는 생각이 조금 바뀔 때마다 깨달은 줄로 착각했다. 뭔가 달라진 데서 오는 만족감에 도취되어 눈앞에 보는 게 없었다. 그때 올바른 스승을 만나 내면의 변화에 대해 지도를 받아가면서 공부를 했더라면 좋았을 것이다. 스승은 멀리 있지 않다. 수영장 선생님도, 친구도, 회사 동료도 스승이 될 수 있다.

내게 스승이 꼭 멀리 있지 않다는 것을 알려준 사람이 있다. 서른 살 즈음에 서산 부석사에 있는 수경 스님을 만나러 가는 길이었다. 장에 들러 수박 한 덩어리 사들고 서산 터미널로 걸어가는데 뒤에서 누가 수박을 든 내 손을 쳤다. 수박은 바닥에 떨어지면서 깨졌다. 뒤돌아보니 웬 노파가 있었다.

"정신 차리고 다녀. 중이 어디 정신을 놓고 다녀?"

정신이 버쩍 들었다.

"보살님은 어디 계십니까?"

"네 눈앞에 두고 어디 있냐고 묻네?"

나는 부석사로 가려던 발걸음을 돌려 노파를 쫓아 버스에 올라탔다. 버스에서 내린 노파가 막걸리를 파는 집에 들어갔다.

"제 갈 길 안 가고 뭐 하러 남을 따라다녀?"

나는 이미 노파가 하는 소리가 모든 법문으로 들렸다. '내가 지금까지 내 갈 길을 가지 않고 남을 따라 다녔구나.' 하는 생각이 들었다. 노파는 그 뒤에 막걸리 한 잔을 내밀었다. 내가 못 마신다고 하자 또 면박을 주었다. 모든 게 시비조니 더 할 말이 없었지만 분위기가 조금 누그러지자 노파는 지난 세월 이야기를 들려줬다. 스물세 살에 결혼을 해서 아이를 가졌는데 남편이 세상을 떠났다. 과부가 되어 유복자를 낳았고 온갖 궂은일을 하면서 아들을 키워 대학에 보냈다. 아들은 대학에서 유신 반대 운동을 하다가 강제징집을 당했다. 전방 근무를 하던 아들이 훈련 중 지뢰를 밟아 사망했다는 연락을 받았다. 노파는 아들을 국립묘지에 묻지 못했다. 묻을 수 없었다. 아들의 뼈를 고향집으로 가지고 돌아와 매일 쓰다듬으며 울부짖었다.

"아들아, 네가 있느냐?"

하루 종일 그렇게 우니 동네 사람들이 실성했다고 수군댔다.

그렇게 매일 울부짖던 노파는 죽고 사는 일을 돌아보게 됐다. 자식에 대한 절절한 사랑이 '도대체 삶은 무엇이고 죽음은 무엇인가'에 대한 간절한 물음으로 이어졌다. 미친 사람처럼 한두 해를 보내고 난 어느 여름날, 노파는 처마에서 떨어지는 낙수에 물거품이 일어났다 꺼졌다 하는 것을 보다가 일게 됐다.

'물방울이 물로 돌아가고 물이 다시 물방울이 되는구나. 큰 물방울도 있고 작은 물방울도 있고, 오래 남아 있는 물방울도 있고 금방 꺼져 버리는 물방울도 있구나.'

노파는 깨달았다. 생과 사가 둘이 아님을 알았다. 자식의 죽음으로 삶과 죽음이 무엇인가를 물었으니 그 물음이 얼마나 간절하고 절박했겠는가. 나는 그날 이후 노파를 '도인 노파'라 부르며 공부가 느슨해지거나 잘되지 않을 때마다 찾아뵙고는 했다. 이렇게 스승은 언제나 우리 곁에 있다. 마음을 열면 보이고, 우리가 세상을 바라보는 눈이 바뀌게끔 도움을 받을 수 있다.

나는 중요한 판단을 해야 할 때마다 나 자신에게 묻곤 한다. 만일 사흘 뒤 내가 죽는다면 과연 이 일을 할까? 이 질문은 스스로에게 후회 없는 결정을 할 수 있게 한다. 죽음은 우리에게

유한한 생의 의미를 되묻게 한다. 동시에 잡다한 것에 끄달리지 않고 곧장 삶의 핵심 문제에 이르도록 만든다.

나는 죽음만 한 스승이 없다고 늘 얘기한다. 죽음을 앞에 두고 늘 어떻게 사는 것이 잘 사는 것인지를 스스로에게 물을 수 있다면 우리는 지금보다는 좀 더 현명해질 수 있다. 고요히 앉아 모든 것을 다 비우고 세상을 다시 한 번 보자. 내가 달라지면 세상도 달라진다. 행복의 첫 걸음은 나 자신이다.

모든 시작은 마음을 씨앗으로 삼는다.

호환마마보다 무섭고
암보다 치명적인 것

어떤 죽음을 맞이하고 싶은가. 누구나 한 번쯤은 자신의 죽음에 대해 곰곰이 생각한다. 사십대, 오십대, 육십대…… 인생의 한 고개를 넘어갈수록 그 생각을 자주 하게 된다. 나는 해가 뉘엿뉘엿 넘어가는 풍경을 보며 길 위에서 생의 마지막을 맞이해도 좋겠다고 생각하곤 한다. 어차피 누구나 죽고 더군다나 지구의 전체 생명에서 한 인간이 차지하는 비율은 크지 않다. 그리고 우리가 살고 있는 이 지구는 우주에서 보면 한점의 먼지다. 우리는 먼지의 먼지에 불과한 존재인 셈이다. 그런데 인간은 참으로 많은 걸 알고 무엇이든 할 수 있다는 생각 속에 살고 있다.

인간은 우주로 비행선을 날려 제2의 지구를 건설하겠다는 야심한 프로젝트를 계획하고 진행했다. 1991년 미국 애리조나 사막에 외부와 격리되고 밀폐된 인공 생태계 실험장 '바이오스피어2'가 조성됐다. '바이오스피어1'은 우리가 사는 지구 생태계를 의미한다. '바이오스피어2'는 지구와 다른 또 하나의 생태계라는 의미다.

콘크리트와 유리 등으로 외부를 완벽하게 차단한 공간의 내부는 다섯 개의 서로 다른 환경 구역으로 나눠졌다. 각각의 구역은 지구의 여러 환경을 모델로 해 구현됐다. 그에 따라 열대우림, 사바나, 사막, 바다, 습지 등에 서식하는 식물과 삼백 종에 이르는 동물을 골고루 넣어서 그야말로 생태계를 축소시킨 상태가 되었다. 결론부터 말하자면 이 실험은 대실패였다. 계산대로라면 비옥한 토양으로 인해 식물이 번성하여 공기 중의 산소를 탄소로 바꾸어 생태계와 같은 순환이 이루어져야 정상인데 얼마 지나지 않아 산소가 줄어들기 시작했다. 산소가 줄어들면서 순환체계의 한 고리가 빠져버린 셈이 되었고 생태계 균형이 서서히 무너져갔다.

연구진들은 산소가 줄어드는 상황에서 원인을 찾지 못해 허둥거리고 있었다. '바이오스피어2'에 살던 연구원들은 공기가 희박해져 모두 고산병에 걸렸다. 게다가 대기 조성이 이상해지면서 곤충들이 차례차례 죽어 식물의 수정이 불가능해졌다. 그 대신 천적이 없어진 개미가 대량 번식하면서 식물의 괴사가 가속화되었다.

인간의 과학을 집대성한 실험이었지만 처참하게 실패했다. 인간이 예측하지 못한 것들이 너무 많았기 때문이다. 실패한 원인 가운데 하나는 박테리아가 소모하는 산소량을 계산하지 못했기 때문이다. 눈에 보이지 않는 박테리아는 끊임없이 증식했다가 소멸했고 다시 증식했다. 이 과정에서 엄청난 공기를 소모했다.

인간은 언제나 자연을 연구하고 실험해서 번듯한 답을 찾아내려고 노력한다. 그러나 자연은 인간에게 쉽게 답을 내주지 않고 더 많은 고민을 요구한다.

다 안다고 생각하는 인간의 역사는 어떤 면에서는 끝없는 어리석음의 역사다. 19세기 말까지 서양을 지배한 대표적인 것이 '방혈요법(放血療法)'이다. 몸 안의 피를 빼내 병을 치료하는 방혈요법 때문에 찰스 2세와 조지 워싱턴은 피가 부족해서 죽었다. 의사인 윌리엄 하비가 혈액순환 이론을 제시하고, 마르첼로 말피기가 모세혈관 그물망을 발견하기까지 약 이천 년 동안 서양 의사들은 방혈요법을 아무 의심 없이 신뢰했다.

병원에서 수술할 때 손을 소독하는 일이 일상화된 것 역시 얼마 되지 않았다. 19세기만 하더라도 수많은 산모가 불결한 상태에서 출산하다 대부분 산욕열로 귀중한 생명을 잃고 말았다. 오스트리아 출신 의사 이그나츠 제멜바이스가 손 소독을 주장했지만 오히려 다른 의사로부터 이단아 취급을 받을 지경이었다.

중세는 '이단'이라는 딱지만 붙이면 만사형통인 시대였다. 13세기 교황 인노켄티우스 3세는 카타리파(catharism)를 이단으로 선포하고 도시 주민 이만 명을 학살했다. 16세기 가톨릭 교회는 프로테스탄트인 네덜란드 사람이 이단자며 따라서 사형을 선고한다는 선언문을 공포했다. 성주간(聖週間) 동안 팔백여 명이 잔인한 고문 속에서 처형당했다.

마녀사냥은 유럽뿐 아니라 아메리카 대륙에서도 일어났다. 1692년 매사추세츠 주 세일럼에서 열린 마녀재판으로 백오십여 명이 '마녀'라는 혐의로 체포됐다. 그중 스물아홉 명이 유죄판결을 받았고 열아홉 명이 교수형에 처해졌다. 중세의 마녀재판은 일단 마녀로 지목되면 조사나 재판을 받더라도 혐의를 벗는 경우가 거의 없었다. 마녀사냥의 악습은 20세기 홀로코스트로 이어졌다. 과학기술에 기초해 대량학살이 진행되었다. 몇백만의 사람을 대량학살하려면 나치처럼 잘 조직된 사회와 고도로 발달된 기술이 뒷받침돼야 한다.

포드, 제너럴모터스, 아이비엠, 아이티티, 스탠더드오일 등 미국의 대기업들은 1933년 히틀러 집권 독일에서 매우 높은 수익을 올렸다. 심지어 전쟁 동안에도 탱크와 전투기, 석유, 정보 통신 기술 등 전쟁에 필요한 핵심 전략물자들을 나치 정부에 공급하기도 했다.

아이비엠의 독일 자회사 데호막(Dehomag)은 컴퓨터의 전신인 홀러리스 카드천공기 기술을 나치에 제공했다. 나치 독일은 이 정보처리 기술로 열차 운행 시간표 작성에서 유태인 색출 및 재산 압수, 처형 등의 자료 처리에 이용했다. 이로 인해 데호막은 백만 달러의 이윤을 남겼고, 히틀러 집권 초기 수년간 미국에 배당금 사백오십만 달러를 송금했다. 데호막의 자산 가치는 1934년부터 1938년까지 두 배 가까이 늘었다.

나치에 협력했던 많은 미국의 기업가와 명사는 히틀러의 인종주의에 아무런 불만을 갖지 않았다. 특히 자동차 회사 헨리 포드는 가장 악명 높은 반유대주의자 가운데 하나였다. 헨리 포드는 히틀러에게 재정 후원을 했을 뿐만 아니라 1920년대 초 『국제 유태인(The International Jew)』이라는 반유대인 책을 펴내 히틀러의 인종주의에 영감을 주었다. 히틀러는 자신의 총통실에 포드의 초상화를 걸어둘 정도였다. 1938년에 히틀러는 헨리 포드에게 외국인에게 줄 수 있는 최대 영예의 훈장을 수여했다.

유대인 학살은 단순히 히틀러 한 사람의 광기가 아니라 당시 세계를 이끌고 있던 이들의 협력과 동의를 통해 진행되었다는 점에서 무섭다. 이는 이러한 만행이 언제나 반복될 수 있다는 의미이기도 하다.

우리가 오늘날 아는 상식이나 진리라는 것들은 다 옳은 게 아니다. 언제든지 바뀔 수 있다. 그렇게 때문에 아무 것도 의심하지 않는 맹신이나 확신은 호환마마보다 무섭고 암보다 더 치명적이다.

지옥보다
자기 행위를 두려워하라

총과 칼과 같은 무기가 없었을 때 인간은 지구상에서 자신보다 힘이 센 곰과 호랑이 같은 동물을 두려워하며 살았다. 세상에는 무서운 것이 너무도 많았다. 폭풍우 몰아치는 날씨나 어두운 밤도 공포였다.

일상이 공포였던 인간은 의지할 곳을 찾았다. 인간은 신과 종교를 탄생시켰다. 두려움은 종교가 번성할 수 있었던 가장 큰 동력이었다. 수만 년 전 인간은 왜 하늘에서 번개가 치고 땅에서 지진이 일어나는지 몰랐다. 인간의 머리로 이해할 수 없던 자연현상을 어떻게 받아들이려고 했을까. 알 수 없는 것은 두려움이 되었다. 사후 세계를 두려워하는 것 역시 모르기 때문이다.

자연 속에서 살았던 인간에게는 알 수 없는 일들이 너무 많이 일어났다. 그 까닭을 알고 싶은 인간은 신의 계시나 진노였을 거라고 생각했다. 그 생각은 많은 사람에게 그럴 듯한 이야기로 공감됐다. 그러자 번개는 신의 계시나 진노가 되었다. 폭풍이 몰아치고 홍수가 나고 지진이 나서 많은 사람이 죽었고 공포는 더욱 강하게 각인됐다. 땅이 갈라져 사람과 짐승이 죽은 아득한 낭떠러지. 그 속의 끝은 보이지 않고 알 수 없는 세계였다. 이를 지옥이라고 부르기 시작했다.

많은 종교학자가 신, 천국, 지옥 등의 개념이 이처럼 탄생했고 그것을 바탕으로 구조화된 게 종교라고 설명한다. 인간은 자신에게 모르는 일이 생기고 감당할 수 없는 일이 벌어지면 신을 찾았다. 신에게 의지하고 기대면 마음이 편해지고 왠지 든든해진다. 과학과 이성이 발달한 시대에도 종교가 여전히 번성할 수 있는 이유는 인간의 불운과 고통을 과학과 이성이 다 해결할 수 없는 까닭이다. 인간은 오늘의 삶도 알 수 없을뿐더러 내일의 삶은 더욱 더 알 수 없다. 그래서 종교를 찾게 된다.

두려움에 떨고 고통을 면하고 싶은 인간에게 "죄지으면 지옥 간다"는 말은 공포를 더욱 심화시킨다. 인간은 누구나 실수를 하고 크던 작던 죄를 짓기 때문이다. 인간의 공포를 자양분으로 성장한 종교는 그 해결책도 가지고 있다. 대표적인 게 중세의 면죄부다. 면죄부는 이른바 천국행 열차표였다. 그 열차표만 있으면 죽어서 고통받지 않고 즐거움이 가득한 천국에 갈 수 있다고 했다. 하지만 그것이 터무니없는 사기라는 걸 이제는 안다.

사람들은 왜 천국과 지옥을 있다고 믿었을까. 역설적으로 아무도 가지 않았기 때문에 누구도 천국과 지옥을 부정할 수 없었다. 완전히 신뢰할 수는 없었지만 몇몇 영특한 사람들의 설명에 고개를 끄덕였다. 천국과 지옥을 믿는 순간, 이후의 선택은 자명하다.

'천국 가야지. 지옥 가면 안 된다.'

종교는 죄지은 자가 지옥 가고 선량한 자가 천국 간다고 말한다. 그 말이 정말이라면 인간은 죽어서 천국을 가거나 지옥을 갈 것이다. 불교 신자들은 극락도 가거나 지옥을 갈 것이다.

이처럼 지옥과 천국이 있다면 어떻게 해야 지옥에 가지 않을까. 기도 열심히 하고 교회나 절에 돈을 많이 내면 천국에 갈 수 있을까. 만약 그렇다면 예수나 부처는 참으로 우스워진다. 기도하는 사람만 선별해서 천국에 보내거나 돈 많이 낸 사람 순서대로 극락으로 이끈다면 그분들은 뇌물을 수수한 꼴이 된다. 예수나 부처는 그럴 분이 아니다.

나는 지옥을 두려워하지 말고 자기 행동을 두려워하라고 말하고 싶다. 죄지은 자가 갈 곳이 지옥 아니면 어딜까. 선량한 자가 어찌 지옥에 갈 수 있을까. 제 삶을 잘 살았다면 두려워하지 않아도 된다. 죄짓고 살았다면 벌벌 떨고 사는 게 당연하다. 두려움에 떨고 싶지 않으면 착하게 살면 된다.

『상응부경전』에 이런 말이 있다.

"먹을 것도, 돈도, 귀금속도, 그 어떤 소유물도, 당신이 죽을 때는 가져갈 수 없다. 마찬가지로 당신이 하인이든, 부하든, 혹은 당신 영향 아래 있던 사람이든, 당신이 죽을 때는 어느 누구도 데려갈 수 없다. 죽을 때는 모든 것을 잃는다. 죽을 때 유일하게 남는 것은 당신의 일생동안 행동해온 신체의 업과 말로 했던 업과 마음으로 생각했던 업, 단지 그뿐이다. 그리고 당신은 그 과보만을 받아 여정을 떠난다. 마치 그림자가 사람을 따라다니듯, 업은 당신을 항상 쫓아다닌다. 그런 까닭에 생각과 말과 몸을 가다듬고, 미래를 대비해 선업을 쌓자. 선업은 미래의 당신에게 있어 유일한 재산이 될 것이니."

「도마복음」에 천국에 대한 예수와 제자의 문답이 실려 있다.

한 제자가 예수에게 물었다.

"주님, 천국이 어디에 있습니까? 저 깊은 바다에 있습니까, 아니면 저 높은 하늘에 있습니까?"

예수는 이렇게 답했다.

"만약 '천국이 하늘에 있다'고 말하면, 하늘을 나는 새들이 너희보다 먼저 그곳에 닿으리라. 만약 '천국이 바다에 있다'고 말하면 물속을 헤엄치는 물고기들이 먼저 그곳에 닿으리라. 천국은 오히려 너희 안에 있고, 또 너희 바깥에 있다. 너희가 자신을 알게 될 때, 너희가 살아계신 아버지의 아들들이란 사실을 스스로 깨닫게 될 것이다."

천국과 지옥은 어느 특정한 장소가 아니라는 말이다. 우리 안에도 있고 우리 밖에도 있다.

한 어린아이가 김수환 추기경에게 물었다.

"하나님은 어디에 계세요?"

김수환 추기경은 당신의 가슴을 손으로 가리켰다.

천국과 지옥은 우리 삶에 있고 우리 마음에 있다. 내가 나쁜 마음먹고 살면 그 순간이 지옥이고 착한 마음먹고 살면 그 순간이 천국이다.

당신에게 묻는다.

당신은 지금

지옥에 살고 있는가?

극락에 살고 있는가?

마음이 콩밭에 있어서야

우리는 누가 몇 미터 높이의 산에 세계 최초로 올랐다, 몇 개의 산을 완등했다, 이런 것에 관심을 갖는다. 더 높이, 더 빨리…… 등산을 마치 올림픽 경기처럼 생각한다. 산악인들이 말하는 등정주의에 쏠려 있는 거다. 삶도 마찬가지다. 남들보다 더 빨리 가는 게 목표니까 저 길이 더 낫지 않을까 자꾸 기웃댄다. 그러나 우리보다 산행을 먼저 시작한 서구권의 나라들은 얼마나 더 높이, 누구보다 먼저 올랐느냐보다 자기만의 루트를 만들고 산에 올랐는지를 더 중요하게 여긴다. 이것을 두고 등로주의라고 한다.

나는 성미가 급하다. 하지만 산에 갈 때만큼은 한 걸음 한 걸음 천천히 오른다. 이 산 저 산 많이 가보았지만 결코 빨리 가려고 안달내지 않는다. 다만 내 걸음 속도로 걸으며 새소리도 듣고 길가에 핀 꽃도 보며 그 순간을 즐긴다. 자기 발로, 자기 걸음 속도로 자기만의 길을 가는 게 '등로주의'다. 아무도 가보지 않은 길을 개척한 이에게 그 사람의 이름을 붙여 '○○루트'라 이름을 붙인다. 인생 길을 가는 우리도 자신만의 루트를 만들 수 있고 만들어가야 한다. 남이 간 길을 따라가서는 이룰 수 없다. 내 이름을 붙일 수 있는 내 인생의 길을 가야 한다.

'금수저, 은수저, 동수저, 흙수저…….'

비극의 언어가 새로 만들어졌다. 출생은 우리가 결정할 수 없는 운명의 영역이다. 그러나 그것이 결정하는 바가 너무 크기 때문에 만들어진 자조어들이다.

세상은 출생부터 불공평하다. 어떤 사람은 머리가 좋고 어떤 사람은 머리가 나쁘다. 어떤 사람은 마음이 넓고 어떤 사람은 속이 좁다. 어떤 사람은 노래를 잘 부르고 어떤 사람은 음치다. 다 다르다. 타고난 조건이 다르니 살아가는 모양이 다를 수밖에 없다.

우리는 주어진 조건 속에서 살아갈 수밖에 없다. 부자 부모를 만나면 유리할 수도 있다. 허나 게으른 토끼처럼 좋은 능력과 조건이 있어도 방심하면 소용없다. 삶은 천변만화이기 때문이다.

한국 사회는 의사, 검사, 변호사처럼 사(士) 자가 붙거나 교수가 되어야 대접받는다. 우리 사회의 시스템은 사람들이 그렇게 생각하게 만들었다. 북유럽 국가의 경우 택시운전사나 열쇠수리공도 긍지를 갖고 일한다. 의사나 교수가 더 훌륭한 직업이라고 생각하지 않는다. 사장도 필요하지만 노동자도 필요하다는 당연한 인식이 있다. 직업의 귀천은 없다. 이건 상식이지만 우리 사회는 아직 그렇지 못하다.

나는 우리 스스로가 긍지를 갖고 일하면 한국 사회의 낙후된 시스템이 만든 고정관념이 언젠가 깨진다고 믿는다. 물론 먼저 우리가 적극적으로 행동해야 한다. 시작은 우리 한 사람 한 사람의 마음가짐부터다. 물론 사회의 시스템을 고치면 될 일 아니냐고 물을 수 있다. 맞는 말이다. 세상의 많은 일이 그렇듯 알이 먼저냐 닭이 먼저냐의 측면이 있다. 그럴 때 언제나 스스로 먼저 하는 게 좋다. 좋은 세상을 말로만 기다리지 말고 우리가 먼저 실천하는 게 좋고 그 길을 열어 가는 게 옳다.

중국의 개혁운동가 노신은 말했다.

"희망이란, 본래 있다고도 할 수 없고, 없다고도 할 수 없다. 그것은 마치 땅 위의 길과 같은 것이다. 본래 땅 위에는 길이 없었다. 걸어가는 사람이 많아지면 그것이 곧 길이 되는 것이다."

나는 내 길을 가기 때문에 행복하다. 내가 제일 좋아하는 공부를 하며 산다. 인생을 돌아봤을 때 여러 갈림길이 있었다. 세상과 적당히 타협했다면 지금과 다른 인생을 살고 있었을 것이다.

하지만 그것은 내 길이 아니다. 내 길은 참다운 나를 찾는 수행의 길이다. 나를 찾는 공부는 '어떻게 인간답게 살 것인가'를 묻는 것이다. 이것이 내 공부의 본령이고 내 삶이다.

나는 언제나 수행자의 길을 걷고자 노력했다. 곤란한 일도 있었다. 그러나 내 길을 가고 있다는 당당함과 뿌듯함 그리고 명리를 쫓지 않았다는 자부심을 가지고 산다. 인생은 두 번 다시 살 수 없다. 나는 다시 태어나도 이 길을 가겠다.

인생에서 제일 중요한 문제 중 하나는 정말 자기가 하고 싶은 일은 찾는 일이다. 우리는 자기가 하고 싶은 일을 할 때 행복할 수 있다. 시간이 걸리더라도 천직(天職)을 찾아야 한다. 오롯이 자기를 바쳐가며 할 수 있는 일을 찾느냐 못 찾느냐가 삶의 행복을 결정한다.

나를 모르면 천직을 찾을 수 없다. 취업문이 좁다 보니 생각할 여유가 없다고 한다. 그렇기 때문에 역으로 생각해야 한다. 자기가 하고 싶은 일이 아닌 일을 선택하면 후회할 수밖에 없기 때문이다.

자기가 좋아하지 않는 일도 경쟁심이나 더 많은 연봉, 승진을 위해 나름 열심히 할 수 있다. 허나 정말 기쁠 때만 나타난다는 '뒤센미소'처럼 진정한 것과 진정하지 않은 것은 큰 차이가 있다. 천직이 아닌 일은 열심히 하고 있는 것 같지만 뒤록 갈수록 내 자신이 고갈된다고 여기게 된다. 그때마다 '이 길이 맞는가'라는 회의가 생길 수밖에 없다. 그러면서 '차라리 저 길로 가는 게 낫지 않았을까.' 하며 한눈을 팔게 된다. 마음이 콩밭에 가 있는 삶이 어떻게 행복할 수 있을까.

미친 듯 몰입할 수 있는 일을 찾은 사람은 이미 행복의 길을 걷고 있는 사람이다. 시시포스는 신들의 노여움을 사 끊임없이 바위를 산 위로 굴리는 벌을 받았다. 그 벌은 무의미의 반복. 그것이 인간에게 가장 고통스러운 형벌이다.

모른다
모를 뿐이다

충북대학교에서 특강을 한 번 해달라고 해서 간 적이 있다. 나는 강연 첫머리에서 학생들에게 물었다.

"무엇 때문에 삽니까?"

왜 사느냐는 질문에 누가 쉽게 답할 수 있을까. 나도 솔직히 모른다. 답을 찾기 위해 살고 있다. "왜 사는지 몰라서 산다"고 답한다. 그게 내가 사는 까닭이다.

누가 모르는 걸 물어보면 우리는 습관적으로 답한다.

"잘 모르겠다."

모르면 모르는 것이지 왜 '잘 모른다'고 하는 걸까. 이 말에는 알고 있어야 한다는 생각이 깔려 있고 모르는 것을 부끄러워하는 마음이 담겨 있다. 대체로 많은 것을 아는 사람이 똑똑하다고 대접받기 때문이다. 알아야 한다는 사회적 분위기 때문에 모르는 것을 모른다고 하지 않고 '잘 모른다'고 하는 것이다.

우리는 무엇을 알고 무엇을 모르는 걸까. 엄밀히 따져 보면 아는 것보다 모르는 게 훨씬 더 많다. 그런데 우리는 모름이 아니라 앎을 바탕으로 산다. 본래 우리는 아무것도 모른 채 이 세상에 왔다. 그렇기 때문에 몰라도 괜찮다. 모르는 건 부끄러운 게 아니다. 당연한 것이다. 안다고 착각하는 게 아니라 모른다는 사실을 잘 알고 사는 게 행복이다.

거짓으로 꾸며서는 잘 살 수 없다. 진실은 금방 드러난다. 요령으로 살지 말고 진심으로 살아야 하는 까닭이다. 진실한 마음은 특별한 게 아니다. 있는 그대로 보는 게 바로 진실한 마음이다. 또한 정직하게 있는 그대로를 감당하겠다는 용기다. 누가 무언가 물어볼 때 기꺼이 모른다고 답할 줄 알아야 한다. 더 많이 안다고 잘난 사람이 되는 게 아니다. 인품이 지식을 따라가지 못하는 사람은 한심한 사람이 된다. "난 사람이 되지 말고 된 사람이 되라"는 말도 있다.

'호모사피엔스'의 어원은 라틴어로 지혜가 있는 사람이라는 뜻이다. 『서경』에서는 인간을 이렇게 정의한다. "유천지만물부모(惟天地萬物父母), 하늘과 땅은 만물의 부모요. 유인만물지령(惟人萬物之靈), 사람은 만물의 영장이니."

그러나 우리는 지혜 있고 만물의 영장이라고 할 정도로 훌륭한 존재일까. 인간이 지난 역사에서 벌인 각종 살육과 전쟁을 돌아보면 그런 말은 할 수 없다. 헤아릴 수 없을 정도로 많은 사람이 고문과 학살로 죽었다. 인간은 몇 백 년 만에 지구를 난장판으로 만들었다. 수많은 잘못을 저질렀다.

나 자신은 누구일까. 이름이나 외모가 곧 자기 자신의 본질을 보여주는 건 아니다. 끊임없이 변하는 생각 또한 나라고 할 수도 없다. 나는 나를 안다고 생각하지만 모르고 있다. 시간은 무엇일까. 어디서 와서 어디로 갈까.

왜 일 년은 삼백육십오 일일까? 왜 하루는 스물네 시간일까. 이십억 년 전 일 년은 팔백 일, 하루는 열한 시간이었다. 팔억 년 전 일 년은 오백 일, 하루는 열일곱 시간이었다. 사억 년 전 일 년은 사백 일, 하루는 스물두 시간이었다. 일억 년 전에야 비로소 하루의 길이는 오늘날과 비슷해졌다. 삼억 육천만 년 뒤 하루는 스물다섯 시간이 될 것이다. 칠십오억 년 뒤에는 지구가 완전히 자전을 멈춰 낮과 밤을 포함한 하루의 개념이 없어질 것이라고 한다. 우리가 살아가는 하루라는 개념은 태양과 달과 지구가 만들어 내는 관계에 의해 정해진다. 달은 지금도 지구에서 멀어지고 있다. 멀어진 만큼 하루는 길어지고 있다.

우주라는 공간 속에 우리가 서 있는 곳은 어디일까. 대한민국, 아시아, 지구, 태양계, 은하계……. 그다음은? 그다음의 다음은 어디인가. 알 수 없다. 우리는 시간도 공간도 나 자신도 제대로 모른다.

버들이 왜 푸를까? 꽃은 왜 붉을까? 눈도 다리도 없는 지렁이는 어떻게 기어갈 수 있을까? 역시 모른다. 모를 뿐이다. 가장 명확히 알아야 할 인생과 존재의 문제에 대해서도 우리는 모른다. 모르는 건 모른다고 해야 한다. 허나 우리는 이를 인정하지 않는다. 알아야 한다고 생각한다. 오만이다. 자기 자신이 누구인지도 모르는데 어떻게 자기 삶을 산다고 말할 수 있을까. 착각이다. 우리는 자신에 대해서만 모르는 게 아니다. 이 세계의 현상과 인생의 의미에 대해서도 모른다. 그런데도 안다고 생각하고 살고 있는 것이 인간이다. 우리가 아닌 것은 정말 우리가 모른다는 그 사실 하나뿐일지도 모른다.

우리는 모른다. 왜 사는지, 내가 누군지, 물질의 근본이 무엇인지, 우주의 끝은 어디인지, 시간은 어디서 와서 어디로 가는지 모른다. 우리가 아는 것이라고는 단지 몇몇 지식뿐이다. 아는 게 한 개라면 모르는 것은 천 개, 만 개다. 그런데 우리는 어째서 '모름(不知)'이 아니라 '앎(知)'을 모든 사유의 바탕, 삶의 바탕으로 두고 있는 것일까. 앎과 모름을 저울에 올려보면 금방 알 수 있는 일이다. 우리는 절대적으로 모르고 약간 알고 있을 뿐이다. 그래서 우리가 바탕으로 삼아야 할 것은 앎이 아니라 모름이다.

우리는 그동안 앎이라는 창을 통해 세상을 바라보았다. 앎의 길을 걸으며 인생의 중요한 문제를 결정했다. 우리의 사고와 판단의 바탕에는 늘 앎이 자리 잡고 있었다. 모든 인식과 사유의 시작점이 되는 앎은 어디로부터 시작되는 것일까.

앎(인식)은 감각기관인 눈, 귀, 코, 혀, 피부 등으로부터 정보를 받아들이면서부터 시작된다. 그중 가장 중요한 감각기관은 눈이다. 영어에서 '보다(I see)'라는 말은 안다는 뜻으로 더 많이 쓰인다. 보는 것이 곧 인식하는 것이다.

속담에 "아는 만큼 보인다"는 말도 있다. 이 말을 "보는 만큼 알게 된다"고 풀이해도 크게 어긋나지 않을 것이다. 우리가 세상을 인식하고 이해할 때 시작은 대부분 눈으로부터 비롯되기 때문이다. 오리나 거위가 태어나 맨 처음 본 존재를 어미로 생각하고 졸졸 따라다니는 것을 보면 더욱 그렇다.

실제 우리 몸의 감각수용기는 70퍼센트가 눈에 모여 있다. 우리가 받아들이는 정보의 70퍼센트가 눈을 통해 들어온다는 말이다. 인식하는 세상의 70퍼센트는 눈으로 인한 것이기에 인간의 인식에 있어 시각은 절대적 지위를 차지한다. 그런데 본다는 건 얼마나 정확하고 분명할까. 자동차 사이드미러에 사각지대가 있듯 우리 눈에도 혹시 사각지대가 있는 건 아닐까. 사각지대 때문에 사고가 난다.

우리는 보이는 것을 보는 게 아니라 보고 싶은 것을 본다. '보이지 않는 고릴라 실험'이 대표적이다. 우리의 인식은 있는 그대로 받아들이는 게 아니라 필요한 것만 선별한다.

사람들은 자신이 가진 지식이나 정보를 지나치게 신뢰한 나머지 자신이 알고 있는 수준보다 더 많이 안다는 착각에 빠진다. 전문가일수록 이런 '지식의 착각'에 빠지기 더 쉽다.

전문가나 지식인들의 위험성을 경고하는 말이 있다. '교육받은 무능(Educated incapacity)'이다. 이 말은 어떤 문제에 대한 해법은 커녕 문제조차 이해하거나 심지어 감지조차 할 수 없는 학습된 무능력을 가리킨다. 특별한 학습이나 훈련을 받지 않았다면 알 수 있었던 것을 오히려 학습과 훈련을 받았기 때문에 이해하지 못하는 현상을 지칭할 때 많이 쓰인다.

많이 배우고, 더 교육받은 사람일수록 자신이 아는 것을 확신하는 경향이 강하다. 자부심은 오만이 되고 오만은 곧 오판으로 이어진다. 자신이 알고 있는 지식과 경험을 너무 신뢰하면 다양한 변수를 신중히 고려하지 않게 된다.

복잡한 현대사회에서 특히 국가 등의 대형 조직은 특별한 지적 재능을 가진 전문가들에게 의존하는 경향이 크다. 전문가들의 고정관념 때문에 다양한 변수에 적절히 대처하지 못할 위험도 있다. 전문가들의 지적 오만과 고정관념은 이데올로기나 종교적 신념에 갇힌 사람들과 같은 경향의 오류를 범하게 된다. 전문가들이 '교육받은 무능'을 가진 이들임을 인식하고 있으면 그 위험성은 줄어든다. 그렇지 않고 지식을 너무 맹신하게 되면 그 맹신의 크기만큼 잘못된 판단을 내릴 수 있는 것이다.

2009년에《경향신문》에서 신경숙 작가와 대담 자리를 마련해 준 적이 있다. 그때 나는 이런 말을 했다.

"저는 확신을 가진 사람은 위험한 사람이라고 생각합니다. 내가 가장 옳은 길을 가고 있는 것일까에 대해 늘 회의하지 않는 사람이 제일 위험합니다. 그런 태도가 전쟁까지 빚어냅니다. 확신을 갖고 하는 일이 갈등을 낳는 겁니다."

행복해지고 싶다면 우리 안의 견고한 성벽 같은 '앎'을 허물고 우리가 착각하는 존재임을 인식해야 한다. 나는 '승려'라는 어떤 환상적인 틀에 맞춰 고상한 척하면서 살고 있는 게 아닌가 스스로 되묻곤 한다. 왜 사는지 내가 누군지 모르는데 우리가 과연 무엇을 옳다고 감히 확신할 수 있을까. 모르면서 안다고 확신하는 그게 가장 무서운 재앙이다. 안다고 확신하고 옳다고 맹신하는 순간 우리는 오류를 범하는 거고 또 다른 오류를 만들어낼 수밖에 없다.

『장자』에는 관규추지(管窺錐指)라는 말이 있다.

"관을 통해 하늘을 보고 송곳으로 땅을 가리키며 하늘과 땅의 넓이를 살피는 것과 같다"는 뜻이다. 인간의 견해는 참으로

좁디좁은 것이다. 100퍼센트 옳은 지식은 없다. 그렇기 때문에 우리는 늘 회의적으로 그 지식들을 의심하는 습관을 가져야 한다. 묻고 따져보지 않고 옳다고 믿어서는 안 된다.

우리가 들고 있는 앎이라는 인생의 지도에는 너무도 많은 오류와 구멍이 있다. 그럼에도 그것을 버리지 못하고 있다. 앎에 길들여졌기 때문이다.

내가 말하는 모름은 무지가 아니다. 모름을 적극적으로 수용하고 인정한다는 의미의 부지(不知)다. 모름을 알아야 하는데, 우리가 모른다는 것을 모르기 때문에 부지라는 것이다. 세상에는 빛과 그늘이 있듯 앎과 모름이 있다. 빛의 세계도 봐야 하지만 어둠의 세계도 알아야 한다. 그래야 하루를 온전히 볼 수 있다. 삶도 생각해야 하지만 죽음도 생각해야 하는 것과 같은 이치다.

변화무쌍한 삶과 세계는 본디 알 수 없다. 따라서 알 수 없음 즉, 모름을 근본으로 삼고 세상을 바라봐야 한다. 우리는 근본적으로 알고 일부의 모르는 것을 배워간다는 입장이 아니라 우리는 근본적으로 조금 알 뿐이고 더 많은 모름이 있으니 이를 알아간다고 하는 입장의 차이가 있는 것이다. 나는 앎에서 모름으로 패러다임을 전환하자고 말하고 싶다. 우리가 우리의 모름을 알 때 겸손과 마음의 삼감을 얻을 수 있다. 모름을 바탕으로

할 때 잠시 틀린 길을 갈 수 있으나 크게 그른 길을 가지는 않을 것이다.

모르는 것은 두렵다. 두렵고 불안하다. 인간은 모르는 것을 싫어한다. 안다고 믿고 싶어 한다. 마치 종교에 기대는 심리와 같다. 모르면 믿고 싶고, 믿고 싶다 보면 어느새 믿고 있다. 이와 같은 심리적 기만을 떨쳐버리지 않으면 정확한 현실을 볼 수 없다.

믿음과 확신은 위험하다. 나는 끊임없이 회의한다. 이 시대에 필요한 가치는 성찰이다. 성찰의 핵심은 확신하는 순간 돌아보는 것이다. 내가 옳다고 생각하는 바로 그것을 의심할 줄 알 때 비로소 우리는 성찰하는 상태다. 스스로를 되돌아보고 의심할 때 더 나은 길을 갈 수 있다.

하루 오만때만 생각

나는 법문을 할 때, "하루에 오만때만 생각한다"는 말을 자주 쓴다. 머릿속에서는 하루에만도 이런저런 생각이 끝없이 오간다. 가만히 있으려고 해도 그렇게 되지 않는다. 내 생각이라고 여기지만 그 생각이 내 의지대로 되지 않는다. 밥 먹을 때 밥만 먹으면 되는데 이 생각 저 생각으로 번잡하다. 지금 자기가 하고 있는 일에 집중하고 최선을 다하는 것이 좋다는 걸 알지만 도통 마음이라는 것이 잡아지지 않는다. 마음속에는 온갖 잡념과 망상이 끊임없이 유령처럼 돌아다닌다. 이 생각이 왔다 저 생각이 왔다 갔다 하면서 잠시도 쉬지를 못한다. 사람들은 그래서 괴롭다. 쉬고 싶다고 호소한다.

나는 사는 동안 생기는 문제가 그동안 앎으로 살아왔기 때문이라고 늘 강조한다. 우리가 모르는 것이 사실이고 절대적이기 때문에 모름으로 가자고 하는 말이다. 그러나 모름으로 가라는 말이 이해되다가도 금세 앎으로 되돌아간다. 습관적으로 앎에 기대 살아왔기 때문이다. 모름을 바탕으로 삼자는 것은 지금까지 앎으로 모든 것을 해결하려고 했던 우리의 습관을 바꾸자는 것이다.

우리를 모름의 세계로 안내하는 모든 것이 화두다. 그렇기 때문에 선방에서 이야기하듯 화두를 누구에게 타서 할 필요가 없다. 스스로 가장 궁금하고, 알 수 없는 것을 물으면 된다. 왜 어렵게 고명한 스님한테 화두를 받아야만 하는가? 이 자체가 고정관념이고 모순이다. 우리는 왜 화두를 들고 수행하는가. 나는 나를 알기 위해 수행한다. 내가 내 삶의 고통을 해결하고자 수행하는 것이다. 그런데 왜 남에게 받은 것을 물어야 하는가.

우리는 '마음을 비운다' '내려놓는다'는 말을 자주 한다. 마음 공부를 하는 절집에서도 '방하착(放下着)'이란 말을 쓴다. 마음을 손에 들고 있는 것도 아닌데 어떻게 내려놓나? 마음이 세숫대야에 든 물도 아닌데 마음을 어떻게 비운다고 그런 말을 할까.

여기서 말하는 마음은 우리의 생각이다. 마음을 내려놓자는 것은 자기가 지금 하고 있는 생각, 자신의 견해를 버리라는 말이다. 그런데 잘 버려지지도, 내려놓아지지도, 비워지지도 않는다.

어떻게 하면 마음을 비우고 마음을 쉴 수 있을 것인가. 나는 마음이, 그 생각이 어디에서 비롯되는지 보라고 말하고 싶다. 우리의 마음이라는 것, 생각이라는 것, 욕망이라는 것은 모두 모두 '앎'에서 비롯된다. 우리는 모르는 것을 생각할 수 없다. 우리의 생각이 잠시도 쉬지 못하고 일어나고 왔다 갔다 하는 것은 앎 때문이다. 아무리 쉬려고 해도 쉬어지지 않고 갖은 잡념과 망상을 끝없이 하게 되는 이유도 앎 때문이다.

앎은 생각의 뿌리다. 동시에 욕망의 뿌리다. 우리는 모르는 것을 생각할 수 없고 욕망할 수 없다. 따라서 마음을 비우려면 바로 이 앎에서 벗어나면 된다. 앎이라는 생각의 뿌리를 통째로 뽑아버리지 않고는 마음을 쉴 수가 없다. 이 앎을 끊는 비결이 바로 '모름'을 닦아 나가는 것이다.

모름을 닦아나간다는 것은 앎이 바탕이 되었던 우리의 사고방식을 모름으로 뒤집어 놓는 것이다. 습관화된 앎을 버리고 사고의 바탕화면을 모름으로 바꾸는 것이다. 모든 사유의 시작점, 그리고 마지막으로 돌아오는 지점을 모름으로 두면 우리가 아는 것으로 모든 것을 해결하려는 오만과 어리석음에서 벗어날 수 있다. 우리가 본래 아는 존재가 아니라 모르는 존재라는 입장에서 세상을 바라보면 많은 것이 달라진다.

하루 오 분도 좋고, 가능하다면 삼시세끼도 좋다. 익숙지 않기 때문에 처음 시작할 때는 가벼운 마음으로 임하는 게 좋다. 가장 좋은 방법은 잠들기 전 내가 마지막으로 했던 생각이 무엇인지, 눈뜨자마자 처음하는 생각이 무엇인지 스스로를 점검하는 것이다. 아마도 이것저것 직장일, 집안일 등 눈앞에 해결해야 할 일들을 주로 생각하고 있을 것이다.

이런 생각들을 '나는 왜 사는 걸까?' '나는 뭘까?'라는 철학적 물음으로, 답이 나오지 않는 알 수 없는 물음으로 바꿔보라고 권하고 싶다. 사람들은 바쁘다 바쁘다 하면서 이런 일들을 뒷전으로 미룬다. 하지만 텔레비전 보고 웃고 떠드는 시간은 넘쳐난다. 못 할 까닭 없다. 지금 바로 시작하면 된다.

'작심삼일(作心三日)'도 좋다. 한번 해보는 것이다. 작심삼일이란 말은 고려 때 국가에서 하는 정책이나 법령이 사흘 만에 자주 바뀐 탓에 '고려공사삼일(高麗公事三日)'이라는 말에서 시작됐다. 조선시대도 크게 달라지지 않았던 터라 오늘날까지 부정적인 의미로 쓰인다. 하지만 작심(作心)이라는 말은 본래 맹자가 처음 쓴 말로 문자 그대로 마음을 다잡는다는 뜻이다. 작심하고 삼 일이라도 해보라고 권하고 싶다. 해보면 자신이 달라진다는 걸 스스로 느낄 수 있다.

2007년 한국불교학회의 학술토론이 봉은사에서 열렸을 때 개회법문을 하면서 수행에 대해 얘기한 바 있다.

"기독교가 믿음이라면 불교는 물음입니다. 피자집에는 콜라가 제격이지만, 콜라를 모르는 자에게 콜라를 아무리 설명해도 소용없지요. 마시고 트림이 끄억 나올 때야 콜라 맛을 알 수 있습니다."

콜라를 어떻게 설명할 수 있겠는가. 에스(S) 자로 오목한 병에 검은 액체가 들어 있는데 그 맛이 달짝지근하고 톡 쏜다. 이렇게 말하면 설명될까. 그냥 한 잔 마신 뒤 트림해봐야 콜라맛을 알 수 있다.

실제로 참선을 해보면 대번에 눈이 시원해지고 머리가 맑아진다. 눈앞의 생각은 할수록 머리가 지끈거리고 아프지만 삶의 궁극적인 문제에 대한 물음, 답 없는 물음의 경우는 생각하면 할수록 우리를 해방시킨다. '앎'이라는 묶임에서 우리를 풀어놓기 때문이다. 그렇기 때문에 그 막막함과 아득함을 즐겨도 된다.

우리를 '모름'의 세계로 끌고 가는 것이 불교에서 이야기하는 화두다. 대표적인 게 무자(無字) 화두다. 어느 스님이 옛날의 부처가 다시 돌아왔다는 의미로 '고래불(古來佛)'이라고 불리던 조주 스님에게 물었다.

"개에게 불성이 있습니까?"

그러자 조주 스님이 "무(無)"라고 답했다. 부처께서는 일체 만물에게 불성이 있다고 했는데 조주 스님은 어째서 '무'라고 했을까. 이것이 절집의 대표적인 화두인 무 자 화두다. 조주 스님이 어째서 무라고 했을까 생각해보라. 알 수 있는가. 모른다. 부처가 연꽃을 들었더니 가섭존자가 빙긋이 웃었다는 '염화미소(拈華微

笑)'는 알 수 있는가. 이천오백 년 전에 부처가 연꽃을 든 이유, 가섭존자가 웃은 이유를 우리가 어떻게 아는가. 모른다. 아무리 물어도 우리가 모른다는 것이 이 '모름 수행'의 비결이다.

내가 나를 물으면 아는가. 모른다. 사는 게 뭔가. 이렇게 물으면 아는가. 모른다.

누구나 자기 물음이 있다. 바로 그 물음 속으로 들어가면 된다. 어떤 사람은 가까운 이의 죽음을 통해 왜 사는가를 고민할 수 있다. 또 누구는 저 사람과 내가 다른 까닭을 물을 수도 있다. 모두 화두다. 물음이 간절할수록 우리는 깨달음에 다가가기 쉽다. 남에게서 받은 물음으로는 자기 삶의 깨달음을 얻기 어렵다. 그저 장례식장에서 '아이고, 아이고.' 하며 곡 하는 것과 같은 것이다. 자기 자식이 죽거나 사랑하는 가족이 죽으면 밥을 먹다가도 눈물이 주르륵 흐르고, 자려고 누워도 나도 모르게 베갯잇을 적시는 게 슬픔이다. 진짜 마음이 아니니까 상청(喪廳)에서 곡하며 거짓으로 우는 것이다. 가짜로는 공부가 제대로 되지 않는다.

수행은 꼭 선방 가서 하는 게 아니다. 특별한 사람들만 하는 것도 아니다. 수행은 인간이 태어난 이래 누구나 해온 것이고 지금 우리 모두 하고 있는 것이다. '나는 누구일까.' '나는 어떻게 살아야 할까.' 묻지 않는 사람이 있는가. 우리 모두의 질문을 참선이다. 수행이다 하는 말로 어렵게 만들어 놓았을 뿐 수행은 본래 우리 삶에 있고 우리 모두에게 있다. 다만 우리가 사는 문제에 목을 매고 이를 뒷전으로 밀쳐두었을 뿐이다. 이를 제자리로 돌려놓고 자기 문제를 대면하는 것이 수행의 근본이다.

수행 실참(實參)에서 제일 중요한 부분이 호흡이다. 흥분하거나 화를 내면 심장박동이 빨라지고 호흡이 거칠어지면서 올바른 생각을 할 수 없다. 반대로 호흡을 깊게 하면 마음도 차분해지고 편안해진다. 호흡이 특히 중요한 까닭은 잡념이 호흡을 타고 들어오기 때문이다.

막상 자리를 틀고 앉아서 수행해보면 집중이 잘 안 된다. 수행을 오래한 달라이 라마도 일본에 갔을 때 어느 교수가 집중이 잘 되느냐고 묻자 "아이고 집중은 무슨 집중입니까. 앉아서 이 생각 저 생각하느라고 혼났습니다"라고 했다. 겸손의 말이겠지만 생각의 본질을 보여주는 대목이다. 사람 생각이라는 게 럭비공처럼 이리 튀고 저리 튀고 종잡을 수가 없다. 하지만 수행의 힘든 순간을 참고 견뎌내면 물살을 거슬러 올라가듯 힘이 생긴다. 힘이 붙으면 웬만한 물에서는 척척 나아갈 수 있다.

수행이 처음인 사람이라면 호흡에 집중하면서 숫자를 1에서 100까지 세고 다시 100에서 1까지 거꾸로 세어보자. 숫자를 세다가 중간에 딴 생각이 들어오면 처음부터 다시 하면 된다. 이렇게 1에서 100, 100에서 1까지 순일하게 셀 수 있으면 어느 정도 호흡과 마음을 다스리는 게 될 것이다. 수식관(數息觀)이라고 하는 수행법 중 하나다.

한 번 숨을 들이마시고 못 내쉬면 그대로 죽는 게 우리 몸뚱이다. 사람이 죽는 것을 숨넘어간다고 표현한다. 죽음을 앞둔 사람들의 호흡은 코끝에서 가랑가랑한다. 반대로 태어난 지 얼마되지 않은 갓난 아기들은 배로 호흡한다. 나이가 들어살수록 호흡은 위로 올라가고 가슴호흡을 하다가 마침내 목을 넘어 코로 호흡하는 순간 죽음에 이른다. 자연스럽게 복식호흡하게 만들기 때문에 참선은 건강에도 좋고 마음을 다스리는데도 좋다.

효과를 보려면 천천히 호흡해야 하는데 특히 내쉬는 호흡을 길게 해야 한다. 우리 안에 있는 숨을 다 뱉어내야 새롭고 깨끗한 공기를 들이마실 수 있다. 생각을 비운다는 마음으로 우리 몸 안의 공기를 다 내뱉으면 노폐물도 함께 빠져나간다. 복식호흡은 평상시의 가슴으로 하는 호흡처럼 얕은 숨이 아니라 깊은 숨을 쉬게 한다. 그렇기 때문에 호흡만 잘해도 정신이 맑아지고 건강에도 도움이 된다.

호흡법은 일상에서도 무척 도움이 된다. 결정적인 순간에 긴장을 하면 숨을 잘 못 쉰다. 천천히 하는 깊은 호흡은 이런 흥분을 가라앉히고 우리를 평정에 들게 한다. 흥분하지 않고 평정심으로 세상을 보면 훨씬 더 지혜롭게 세상을 대할 수 있다. 김연아 선수가 올림픽이나 세계 선수권에 나가서 좋은 성적을 낼 때 긴장하지 않고 평정심을 잘 유지했기 때문이다. 평정심은 없던 실력을 생기게 할 수는 없지만 있는 실력을 다 내보이게 하느냐 마느냐를 결정한다. 삶의 긴장 되는 고비 고비에서 이런 평정심을 유지할 수 있는 사람이 정말 고수(高手)인 것이다.

그러나 가장 좋은 방법은 자기 화두에 집중하는 것이다. 선방에서 화두에 집중하고 있을 때는 자세부터 다르다. 딴 생각을 하고 있으면, 즉 마음이 흐트러지면 자세도 같이 흐트러진다. 집중하지 않고 있으면 졸음에 빠지기도 한다. 남의 화두를 들고 억지로 앉아 있으면 그렇게 된다. 정말 자기가 묻고 싶은 간절한 물음이 있다면 저절로 집중이 된다. 그런 점에서 수행은 고통이 있는 사람이 훨씬 더 잘할 수 있다. 간절함이 있기 때문이다. 우리는 힘들고 어려운 일을 겪지 않고 편할 때는 잘 생각을 하지 않고 살게 된다. 고통이 있을 때, 특히 감당할 수 없는 고통이 올 때 우리는 왜 이런 일이 내게 왔나 고민하게 된다.

의심에 집중하면 호흡은 절로 깊어진다. 잠자리를 잡는 아이들을 보면 알 수 있다. 풀끝에 앉은 잠자리를 잡으려는 아이들이 헐레벌떡 달려가지 않는다. 조심조심 다가가고 호흡도 멈춘다. 군인들이 사격을 할 때 가늠쇠를 통해 표적을 보면서 숨을 멈추고 최대한 집중한다. 내가 1986년 시국사건으로 감옥에 갔을 때 금고털이들이 집중력과 손끝의 감각을 잃지 않기 위해 날달걀의 겉껍질만 벗기고 속껍질은 벗기지 않는 연습을 계속하는 걸 보고 놀란 적이 있다. 도둑놈들도 저리 노력하는데 깨달음을 얻겠다는 나는 저렇게 해보았는가 반성했다.

호흡과 더불어 집중하는 데 도움이 되는 것은 가부좌 자세다. 허리를 곧게 편 상태에서 몸이 피라미드 모양이 되고 하고 시선은 1.5미터 전방을 향하는 것이 기본자세다. 이를 항마좌(降魔坐)라고 부른다. 마구니, 즉 악마를 막을 수 있는 자세라는 것이다. 이때의 마구니는 온갖 잡념과 망상같은 번뇌를 일컫는다. 오른발을 왼쪽 넓적다리 위에 올려놓은 다음에 왼발을 오른쪽 넓적다리에 올려놓고 앉는 자세를 말하는데 초심자는 두 다리를 모두 넓적다리에 올려놓는 결가부좌는 힘들다. 편하게 한쪽 다리만 반대편 넓적다리에 올리는 반가부좌를 해도 상관없다.

가부좌는 엉덩이 쪽에 방석을 깔던지 해서 양쪽 무릎과 엉덩이에 있는 엉치뼈가 삼각형을 이뤄 안정되게 하는 게 중요하다. 삼각형 상태에서 몸을 앞으로 숙인 뒤 등이 활처럼 뒤로 휘게 앉으면 자리가 꼿꼿하게 된다. 집중하려면 편해야 하지만 너무 늘어지는 자세여서는 안 된다. 적당한 긴장이 필요하다. 그렇지 않으면 졸음이 오기 때문이다. 몸이 너무 불편하면 의심에 집중하기 어렵다. 기타줄이 알맞게 조여야 하듯이 자세도 그래야 한다.

수행을 두 단어로 정리하면 '집중'과 '지속'이다. 이를 절집에서는 "고양이가 쥐 잡듯이 어미닭이 알 품듯이"라고 표현한다. 고양이가 쥐구멍 앞에 앉아 쥐를 잡을 때 병아리가 앞에서 왔다 갔다 해도 전혀 신경 쓰지 않고 쥐구멍만 바라본다. 집중이다. 어미닭이 삼칠일 알을 품을 때 모이나 물 먹을 때 잠깐 일어설 뿐 언제나 지속적으로 알을 품고 있다. 이십일 일 동안 계속 온기를 유지해야 알이 부화되기 때문이다.

나는 수행을 돋보기에 비유하곤 한다. 돋보기로 종이에 불을 붙이려면 먼저 빛을 한곳으로 모아 초점을 정확히 맞춰야 한다. 집중이다. 이 집중은 너무 가까워서도 너무 멀어서도 안 된다. 종이에 빛이 가장 알맞게 맺히는 단 하나의 집중점을 찾아야 한다. 집중점이 없으면 아무리 오래 들고 있어도 허사다. 한점으로 집중되었다면 그다음은 종이에 불이 붙을 때까지 그 초점을 유지해야 한다. 흔들리지 않고 불붙을 때까지 그대로 있어야 한다. 지속이다. 집중과 지속이 함께 할 때 종이에 불이 붙는다.

'앎'이라는 습관을 하루아침에 바꿀 수는 없다. 그렇다고 지레 겁먹을 필요도 없다. 부딪혀 보면 된다. 실험 결과, 빠른 사람은 이십일 일이면 되고 평균적으로는 육십삼 일이면 새로운 습관을 들일 수 있다고 한다. 계란이 부화되려면 삼 주가 걸린다. 요즘이야 백일기도도 많이 하지만 옛날에 절에서 기도할 때는 삼칠일 기도를 많이 했다. 삼칠일 동안 지극한 마음을 가지면 이뤄진다는 것이다. 그만큼 그 기간만큼 마음을 흩트리지 않고 유지하기 어렵다는 의미이기도 하다.

우리는 자신의 인생을 바꾸고 싶어 한다. 운명을 바꾸고 싶어 하고 보다 나은 삶으로 도약하고 싶어 한다. 불교식으로 얘기하자면 '업'을 바꾸는 것이다. 그 운명을 바꾸는 법, 업을 바꾸는 지름길이 바로 앎이 아닌 모름으로 수행하는 것이다. 조금씩 더 열심히 지식을 늘리는 것이 헌 집을 고치는 것이라면 모름은 헌 집을 허물고 새 집을 짓는 것이다. 새 집을 지으려면 완전히 허물어야 한다. 기존의 것을 리셋해야 하는 것이다. 그런데 자신이 다니고 있는 직장이나 인간관계 등을 다 쓸어버리고 다시 집을 지을 순 없다. 다만 자신의 관점, 사유를 완전히 새로이 함으로써 인생 전체를 바꿀 수 있는 지름길이 모름으로의 수행이다.

나는 쉽게 말하고 싶다. 우리가 깨달을 것이 무엇이겠는가. '내가 나를 모른다'는 단순하지만 분명한 사실을 깨달으면 된다. 보조 스님의 『수심결』에는 '단지불회 시즉견성(但知不會 是卽見性)'이라는 구절이 있다. '아는가 다만 모르는 줄을. 그것이 곧 깨달음이다'라는 뜻이다. 나는 시즉견성이 사족 같아 '단지불회'라고만 해도 된다고 생각한다. 우리는 모른다. 그걸 깨달으면 된다.

공자는 '조문도 석사가의(朝聞道 夕死可矣)'라고 했다. 아침에 도를 들으면 저녁에 죽어도 좋다는 말이다. 즉 모른다는 뜻이다. 출가해 오십 년 동안 수행했지만 나는 나를 모른다. 내가 나를 알게 된다면 나는, 조문도 즉사가의(朝聞道 卽死可矣)라고 할 것이다.

모름을 깨달으면 힘이 생긴다. 어떤 것이 옳다는 생각에 갇히지 않기 때문에 사유가 자유롭다. 무언가 틀에 맞게 생각해야 한다고 생각하는 것과 아무런 장벽없이 생각하는 것의 차이와 같다. 창의력을 얻으려는 사람들이 명상을 하는 것도 바로 이 사고의 자유 속에서 창의력을 얻기 위함이다. 어딘가에 묶이지 않고 집착하지 않기 때문에 사유가 자유로울 수 있는 것이다.

또한 수행한 사람의 특징은 자신감이 있다는 것이다. 자기가 자기 내면을 바로 본 사람들이 가질 수 있는 재산이다. 자기중심이 있기에 세파가 다가와도 크게 흔들리지 않는다. 그렇게 일상의 수행을 통해 평정심을 지니게 되면 삶이 중요한 순간에 능동적으로 대처할 수 있다. 평소 끊임없는 훈련과 노력으로 실력을 갖추어야 하겠지만 이를 발휘할 수 있는 평정심도 함께 길러야 한다.

앞서도 얘기했지만 평정심을 유지하는 가장 좋은 방법은 마음에서 힘을 빼는 것이다. 몸을 쓰는 운동선수들은 이 점을 잘 안다. 야구선수가 어깨에 힘이 들어가거나 축구선수가 발에 힘이 들어가면 공이 엉뚱한 데로 날아간다. 평정심을 가진다는 것은 몸에 힘을 빼듯 마음에서 힘을 빼는 것이다. '잘해야 한다' '꼭 이겨야 한다'는 욕심과 집착을 가지면 자연히 마음에 힘이 들어가고 몸에도 힘이 들어간다. 평소에 '모름'을 수행한 사람은 욕심낼 필요도 없고 삶이라는 것이 진인사대천명(盡人事待天命)이라는 걸 안다. 그러한 태도가 결국 더 나은 결과를 만든다.

끝없는 물음의 지속을 통해 뉴턴은 만유인력의 법칙을 발견했다. 뉴턴에게 어떻게 만유인력을 발견했느냐고 묻자 그가 대답했다.

"오직 그 생각만 했으니까."

뉴턴이 얼마나 그 생각에 몰입했던지 저녁식사를 거르는 통에 집 고양이가 엄청난 비만에 걸릴 정도였다고 한다.

이처럼 우리 삶의 근본문제에 대한 물음에 집중하고 이를 지속적으로 가져가는 모름의 수행은 지식 등으로 해결할 수 없는 엄청난 힘을 갖고 있다.

마음을 다 비운 상태에서는 앎에 묶이지 않는 수만 가지 자유로운 생각이 일어난다. 앎을 모두 버린 모름 속에는 지혜가 깃들어 있다. 그래서 앎에 묶이지 말고 모름이라는 자유로움 속에서 살아보라고 권하는 것이다.

왕권은 무너졌다
왜 신권은 안 무너지나

"어명이요!"

이 소리에 왕을 비판하던 신하들도 왕이 있는 쪽으로 세 번 절한 후 사약을 마셨다. 모든 백성과 강토가 다 자기 것이라고 여겼던 왕조시대가 오래전에 무너졌다. 절대 권력을 누렸던 왕권은 무너졌지만 무너지지 않은 권력이 하나 있다. 바로 종교다. 승려나 신부, 목사 등의 종교인들은 종교인이라는 이유로 존중받고 있다. 종교인이 어떤 삶을 살고 있는지 전혀 따져 묻지 않고 종교인이 입은 옷과 명패 때문에 사람들에게 존중받고 있다.

우리나라만 하더라도 인구의 절반 이상이 종교가 있다. 그만큼 종교의 영향력은 크다. 그런데 종교인들이 그러한 대접을 받을 만한 자격과 근거가 있을까. 종교인이 되기 위해서는 각 종교마다 일정한 교육 절차가 있긴 하다. 하지만 절차가 사회의 다른 교육보다 훨씬 우월한 지위를 갖을까. 자기들만의 절차를 통과해 종교인의 자격을 얻었다 하더라도 다른 사람들이 그들을 존중해야 할 까닭은 무엇일까.

나도 한때 종교인들에 대한 사회적 존중을 당연하게 생각하고 살았다. 승려로서 특히 수행하는 사람으로서 자존심과 위의가 있어야 한다고 여겼다. 그래서 세속에서 많이 배운 사람이거나 지위가 높은 사람을 만난다고 해서 무조건 존경심을 갖고 대하진 않았다. 세속에 많은 스승이 있다고 생각하며 살고 있지만 그 사람이 막연히 어떤 지위에 있다고 존경하지는 않았다.

김대중 전 대통령이 동교동 자택에 연금되어 있을 때의 일이다. 평소 알고 지내던 김병오 의원이 김대중 선생을 한번 만나지 않겠느냐고 했다. 경찰관들이 집 주위를 지키고 있던 밤에 김대중 선생과 한 시간 반 동안 얘기를 나눴다. 그런데 얘기를 나눈 게 아니라 일방적으로 얘기를 들었다고 해야 옳다.

말하는 것으로 누구에게도 밀려본 적이 없는 나에게 김대중 전 대통령은 한 번도 말할 기회를 주지 않았다. 얼마나 박식한 분인지 『화엄경(華嚴經)』에서 『유마경(維摩經)』까지 술술 이야기하는 게 아닌가. 나도 얘기를 좀 하고 싶었지만 끝까지 기회를 잡지 못했다. 이야기를 듣다가 자리에서 일어나는데 은근히 화가 나서 한마디했다.

"중보다 불경을 더 많이 아시는 것 같습니다. 그렇다고 그걸 가지고 중 앞에서 자꾸 얘기하면 좋아할 사람 아무도 없습니다. 그리고 듣는 연습도 좀 하셔야겠습니다."

제아무리 유명한 정치인이나 유식한 학자라고 하더라도 타인을 신경 쓰지 않고 제 할 말만 하면 남을 불편하게 한다. 회사 생활할 때도 똑같다. 회의할 때 아랫사람 말을 듣지 않고 제 할 말만 하는 상사는 피곤하다. 나도 할 말은 꼭 하는 사람이다. 돌이켜 생각해보면 나 또한 남을 불편하게 하지 않았을까 하는 생각도 든다.

종교인이라는 이유로 왜 대접받아야 할까. 종교를 믿지 않는 사람도 종교인들에게 예를 갖춘다. 이는 당연한 일은 아니다. 절대왕권이 무너진 시대에 신권은 왜 무너지고 않을까. 최근 몇 해 동안 갑질 논란이 사회적으로 큰 이슈가 되었을 때 그런 생각을 더욱 많이 했다. 갑질 중의 최고 갑질을 종교인이 하고 있기 때문이었다.

승려들 가운데 머리 기른 재가자들과는 겸상하지 않는 이들도 많다. 일체 중생이 차별 없다고 이야기하는 불교에서 어째서 이것이 당연시되는 걸까. 다른 건 그렇다 쳐도 밥 먹는 일에서만은 차별이 없어야 한다. 이런 생각은 조금만 소양 있는 사람이라면 다 하는 생각이다. 더 나아가 나이 어린 승려가 연세가 지긋

한 신도들에게 하대하는 경우도 많다. 스스로 자기를 낮추라는 하심(下心)을 강조하면서 스스로는 군림하는 것이다. 봉건시대 양반들처럼 신도들에게 대접받고 상전인 양 행세를 하는 것은 부끄러운 일이다.

신도들에게 삼배를 강요하는 것도 마찬가지다. 불교에서 삼배는 부처님에게 올리는 것이다. 그런데 부처님의 제자라고 하는 이가 삼배를 받으면 어쩌자는 건가. 예의로 인사차 목례나 일배 정도는 할 수 있다. 그 경우라도 당연히 맞절해야 한다. 그런데 자기는 가만 앉아서 나이 많은 신도들에게 절을 넙죽넙죽 받는 것은 종교인이기 전에 인간으로서의 기본 소양도 덜된 것이다. 한마디로 꼴불견이다.

존경이란 그 사람의 행위를 보고 스스로 우러나는 건데 억지로 강요하는 자체가 말이 안 된다. 신도들에게 규율을 가르친다고 삼배를 강요하는 자들이 절집에 왕왕 있다. 자승처럼 자기 행실은 돌아보지 않은 채 삼배를 하지 않으면 호통 치는 경우도 있다. 이런 오만한 발상은 어디에서 오는 걸까. 내가 잘 살고 가르침을 줄 만한 사람일 때 다른 사람한테 절받을 수 있다. 절받는 것에는 그런 무서운 의미가 숨어 있다. 그냥 넙죽넙죽 받을 일이 결코 아니다.

과연 오늘날의 종교인들의 말과 행동은 절받을 만할까. 따져보고 의심한 뒤 존경하든지 따르든지 해야 한다. 성직자의 말이라고 무조건 따라서는 안 된다. 본인이 생각하는 기준에 미달하는 종교인은 존경하지 않아도 된다. 이는 종교인 뿐만이 아니라 정치인이나 사회의 인사, 회사의 대표에게도 해당된다. 이천오백 년 전 부처는 말했다.

"출신과 계급을 묻지 말고 어떤 행동을 하는지 살펴보라."

많은 신도가 종교에 돈을 갖다 바친다. 만일 시주금이나 헌금이 나쁘게 쓰인다면 바친 사람에게 공덕이 될까. 그렇지 않다. 그 돈이 의미 있게 쓰여야 공덕이 돌아간다. 못된 짓하게 돈을 줘서는 안 된다. 그 경우 복이 되기는커녕 복을 감하는 것이다. 그들이 죄를 짓는다면 그 죄에 공모한 것이다. 그러므로 시주나 헌금을 할 때 밝은 눈으로 신중하게 살펴야 한다.

종교의 주체는 결코 성직자라 불리는 종교인들이 아니다. 부처도 예수도 아니다. 믿고 귀의한 사람들이 주체다. 본인이 불교가 좋으면 절에 가면 된다. 다녀보니 이 절보다 건너편 강북에 있는 절이 더 낫다고 생각되면 그리로 옮길 수도 있다. '아, 나는 불교가 싫고 천주교가 좋아' 개종할 수도 있다. 자기 마음이다. 그 마음은 부처도 못 말리고 예수도 어쩔 수 없다. 선택과 결정의 주체는 바로 우리 자신이다.

신앙생활도 마찬가지다. 절이나 교회에서 헌금 많이 내고 시주금 많이 내면 큰 공덕을 쌓는 것처럼 얘기하는데 그렇지 않다. 부처나 예수가 돈 많이 내면 큰 공덕을 쌓는다고 말한 적 없다. 빈자일등(貧者一燈)의 가르침처럼 돈의 크기는 중요하지 않다. 삶의 진실성이 묻어 있는 돈일 때 의미가 있다. 물론 큰 시주를 하면 큰 도움을 줄 수도 있다. 그러나 근본은 차이가 없다. 보험 실적을 올리는 것도 아니고 '헌금을 얼마 냈네.' 그래프를 그려놓고 경쟁시키듯 하는 것은 종교 집단이 우리 영혼을 다루는 곳이 아니라 세속의 영업 집단과 진배없다는 것을 단적으로 보여준다.

불교의 가르침에서 가장 큰 공덕은 '무주상보시(無住相布施)'다. 바로 이름 없는 기부다. 자선단체 등에 기부하면서 얼마를 냈네 하며 사진 찍는 것은 그 진정성을 의심하기에 충분하다. 그런데 조계종에서는 기부금을 낼 때 금액이 적힌 팻말을 들고 사진을 찍는다.

물질 만능 사회라고 해도 종교마저 그쪽으로 가서는 안 된다. 오아시스 역할을 해야 하는데 도리어 세속의 욕망을 쫓고 있기에 부끄럽다. 본질에서 이탈해도 한참 이탈했다는 생각이 든다. 더 큰 문제는 부끄러운 줄도 모른다는 점이다.

참된 종교 생활은 절에 다니거나 교회에 나간다고 되는 것이 아니다. 그러한 행위가 우리 스스로를 돌아볼 수 있게 하는 계기가 되긴 하지만 그 가르침이 참으로 옳다면 그것은 우리 삶에서 실천되어야 하는 문제다. 일주일에 한 번 절에 나가고 교회에 나가 기도를 하고 헌금했다고 종교생활을 한다고 여긴다면 큰 착각이다.

감사하는 마음은 인간의 본성이었다. 옛사람들은 감사하는 마음으로 잠에서 깼으며 하루를 보냈다. 어느 하나를 당연하게 생각하지 않았다. 땅에서 곡식이 자라면 땅에게 감사했고 하늘에서 비가 내리면 하늘에게 감사했다. 이처럼 종교는 삶 속에서 끊임없이 구현돼야 할 실천이다.

숨쉬고 꿈꾸고 먹고 마시고, 걷고 노래하는 모든 삶이 종교 자체일 때 진짜 종교라고 할 수 있다.

4장

행 복 이 란

무 엇 일 까

차이를 만드는 행동

2017년 5월 대선 직후 문재인 대통령은 봉하마을에서 열린 노무현 전 대통령의 추모제에서 성공한 대통령이 되어 다시 오겠다고 약속했다. 하지만 재임기간 동안에는 참석하지 않겠다는 말도 덧붙였다. 운명으로 받아들인 정치로 이끌었던 친구이자 동지에게 한 다짐이었다. 그만큼 열심히 해보겠다는 의지가 그 말 속에 숨어 있었다.

2009년, 당시 야인(野人)이었던 문재인 대통령과 점심식사를 함께한 적이 있다. 한명숙 전 총리가 문재인 대통령을 설득해 달라고 요청해서 리영희 선생 부부와 한명숙 전 총리와 함께 하는 자리였다. 그때 나는 그에게 양산시 국회의원 재보궐 선거에 출마를 권유했다.

"저 같은 중도 노무현 대통령의 죽음을 바라보며 강남 신도들에게 욕 먹어가면서 이명박을 비판해요. 당신은 노무현의 동지이고 비서실장 아니었습니까. 노 대통령의 한 맺힌 죽음을 생각해서라도 출마해야 하지 않겠습니까."

그가 정치를 통해서 올바른 세상을 만들어야 하지 않을까 하는 마음에서 나온 말이었다. 그러나 그는 대답했다.

"스님, 저는 정말 정치의 뜻이 없습니다."

그 뜻이 너무 엄정해 더는 말을 붙일 수가 없었다.

그랬던 그였다. 그가 이제는 한 나라의 대통령이 됐다. 5·18 민주화운동 기념식에서 감동을 자아내어 국민들을 눈물 흘리게까지 했다. 국민의 눈물을 닦아주는 대통령이 되겠다더니 공약을 헌신짝처럼 버리고 국민의 눈에서 눈물이 나게 하다니. 그리고 6·10 민주항쟁 기념식에서 다짐한 이야기들의 결을 볼 때 문재인정부의 정책과 방향이 어떠한지 가늠할 수 있다.

『선림보훈』에 "도덕이 있으면 비록 필부라도 궁색하지 않지만 도덕이 없으면 천하를 다스려도 원활하지 못하다"는 구절이 있다. 세상의 이치가 그렇다. 정치도 같다. 정치란 세상을 이끌어가는 일이다. 도덕과 정직함이 없으면 아무도 따르지 않게 된다. 촛불혁명으로 등장한 문재인정부는 신뢰와 도덕성을 바탕으로 세워진 정부다. 그래서 역할을 기대한다.

그러나 이 사회가 살 만한 사회, 사람 사는 세상이 되기 위해서는 정부의 역할만 기다려서는 안 된다. 주인의 역할도 필요한 것이다. 그 역할로서 우리는 촛불을 들었다. 그다음은 이제 어떻게 가야 할까. 정부가 잘할 수 있도록 협력 관계를 형성하는 것이 필요하다. 협력 관계란 무조건적인 지지를 뜻하는 게 아니다. 긴장과 견제도 필요하다. 하지만 큰 틀에서는 함께 가야 한다. 도덕성이 없는 정부는 국민들에게 요청을 할 수 없다. 거꾸로 도덕성이 없는 정부에게 국민들도 기대할 수 없다.

우리 역사에 보면 지도자 역할을 못한 사람이 많았다. 왜군이 침략했는데 백성은 내버려두고 도망부터 친 선조, 북한군이 내려오자 한강을 건너 도망치면서 다리를 폭파시킨 이승만이 그 예다. 이 나라를 지킨 이들은 민초들이다. 역사의 고비에서 이 나라의 주인이 누구인지 여러 차례 증명했다. 재론이 필요 없을 만큼 말이다. 추운 겨울 촛불을 드는 것처럼 주인 노릇은 어렵다. 우리는 아직 언덕을 오르고 있다. 아직 닿아야 할 곳에 이른 것은 아니다. 영차, 영차 함께 밀고 갈 때다. 정부가 앞에서 끌면 국민은 뒤에서 밀고, 국민이 앞에서 끌면 정부가 뒤에서 밀어야 한다.

주인 노릇은 그뿐만이 아니다. 자기 일상에서 적폐를 걷어내고 새로운 질서를 세우도록 애써야 한다. 우리 사회의 적폐는 뿌리 깊다. 곳곳에 숨어 있다. 그것들은 현장에 있는 이들이 아니면 알 수 없고 해결할 수 없는 것들이다. 관행이라는 명목으로 묵인했던 부조리를 과감히 도려내야 한다. 곰팡이는 햇볕을 쪼여야 없앨 수 있다. 감추면 감출수록 더 번성한다. 이제 자기 일상과 현장에서 촛불을 들어야 한다. 호주제 철폐 운동을 해온 고은광순씨는 "쫀쫀한 문제제기가 사회를 '업그레이드'한다"고 했다. 틀림없는 말이다.

고광은순씨는 한 언론 인터뷰에서 "히틀러의 이상형이 순종적인 현모양처였다. 파시즘이 현모양처를 원하는 모양이다"라고 말한 적 있다. 이는 비단 여성에 한정된 것은 아니다. 세상은 끊임없이 우리를 순종적으로 만들려고 한다. 길들 것인가, 길들지 않을 것인가. 우리 자신의 몫이다.

불의는 보지 않는 곳에서, 침묵하는 곳에서 자라난다. 그것을 묵인하면 할수록 번식의 속도는 빨라진다. 그러나 우리가 두 눈 부릅뜨고 보고 있으면 함부로 자라지 못한다. 자란다 해도 크게 번성할 수 없다.

새로운 세상을 꿈꾸는 생각과 실천하는 사람들은 구슬처럼 많다. 아직 그들을 하나로 이어줄 실이 부족하거나 아직 닿지 않았을 뿐이다. 꿈꾸는 사람들은 운동가나 전문가들뿐만이 아니다. 우리 주변 평범한 사람들도 새로운 세상을 꿈꾸기 위해 작은 실천을 마다하지 않는다.

맥도날드 같은 패스트푸드점이나 커피 전문점에서 사용하는 컵에는 이런 문구가 적혀 있다.

'뜨거우니 조심하시오.'

이 문구를 넣게 한 것은 일흔아홉 살 스텔라 리벅이다.

1992년 2월 미국에 살고 있던 스텔라 리벅은 손자가 운전하는 자동차를 타고 맥도날드의 '운전자 주문 코너drive-through'에서 커피 한 잔을 주문한다. 커피를 받은 리벅은 손자의 차에 컵홀더가 없어 자신의 허벅지 사이에 커피를 끼워놓고 설탕과 크림을 넣으려 했다. 그러다 중심을 잡지 못하고 뚜껑을 열다가 그만 허벅지와 무릎에 뜨거운 커피를 쏟고 만다. 리벅은 3도 화상을 입고 병원에 여드레 동안 입원한다. 그녀는 입원하는 동안 몸무게가 팔 킬로그램이나 줄었다. 사고 후유증에 시달렸고, 이 년 동안 부분 장애를 겪기도 했다.

리벅은 이후 맥도날드를 상대로 소송을 제기한다. 맥도날드가 커피가 화상을 입을 정도로 뜨겁다는 사실을 알리지 않아 피해를 입었으니 배상을 받아야겠다는 게 이유였다. 맥도날드는 말이 되지 않는다며 적당한 금액으로 합의를 보려고 했다. 리벅은 거절했다. 리벅의 변호사는 맥도날드가 단 몇 초 사이에 3도 화상을 입을 수 있는 커피를 팔았다는 내용을 담은 서류를 법원에 제출했다. 반면 맥도날드는 운전자 주문 코너에서 커피를 구매하는 이는 대부분 장거리 운전자라며 보통 그 정도의 온도로 커피를 판매한다고 주장했다. 아울러 리벅이 커피를 쏟아 화상을 입은 것은 본인의 부주의라는 점도 지적했다.

미국 법원은 리벅의 손을 들어주었다. 리벅은 맥도날드로부터 당초 요구했던 배상금의 수십 배 이상을 받게 된다. 판결 이후 미국 내 여러 업체들은 유사 재판에 시달렸다고 한다. 리벅이 제기한 이 소송으로 커피가 뜨겁다는 문구가 컵에 필수적으로 들어가게 된 것이다. 생활 속에서 흔히 일어날 수 있는 일이지만 그 부당성을 가볍게 생각하거나 자신의 탓으로 돌리지 않고 개선하도록 나선 작은 사례다.

"뭘 그런 것까지 해. 자기 탓도 있잖아"라고 말하는 사람도 있을 것이다. 바로 그 점이다. 바꿔야 할 건 우리의 '생각'이다. 얼마든지 개선할 수 있는 일을 가볍게 넘기면 상황은 개선되지 않고 반복되고 유지된다.

'작은 실천이 세상을 바꾼다'는 말이 있다. 참 좋은 말 아닌가.

세상에는 아름다운 사람들이 많다. 그들 덕분에 세상은 썩지 않는다. 과거는 영웅의 시대였다. 지금은 다르다. 작은 실천과 연대를 통해 세상을 바꾸는 시대다. 한둘의 촛불은 연약하지만 백만의 촛불, 천만의 촛불은 그 어떤 바람에도 꺼지지 않는다.

단박에 이뤄지진 않을 것이다. 노력하여도 바라는 만큼 세상이 바뀌지 않을 수도 있다. 속도도 더디고 결과도 미비할 수 있다. 하지만 노력은 배신하지 않는다. 미국의 인권 운동가 리베카

솔닛은 트럼프가 당선된 뒤 절망한 이들에게 말했다.

"희망은 모든 것이 좋아지리라는 전망이 아니라 우리가 하는 행동이 '차이를 만든다'는 사실을 아는 것"이라고.

우리 안에
박근혜는 없을까

나는 어릴 때는 내가 참 박복하다고 생각했다. 왜 나한테만 이런 고통이 찾아오나 싶었다. 나뿐만이 아닐 것이다. 사람들은 어려운 환경 속에서 한 생각을 돌리지 못해 괴로워한다. 그러다가 교회에 가서 절에 가서 기도를 한다. 잘되게 해달라고. 알게 모르게 많은 사람이 성공과 권세를 바란다. 만일 왕이 될 수 있다면 모두 왕이 되려고 할까. 칭기즈칸이나 알렉산더 정도면 만족할까.

박근혜가 탄핵됐을 때, 한 기자가 내게 그 소식을 어떻게 알게 됐냐고 물었다. 그때 나는 봉암사에 있었다. 봉암사는 오지는 아니지만 스마트폰이 터지지 않는다. 스님들 수행에 방해가 되기에 전화와 인터넷을 차단한다. 오전 열한시는 법당에서 예불을 볼 때다.

"어떻게 됐지?"

스님들이 귓속말로 속닥거리는 소리가 들려왔다. 예불을 마치고 점심 공양을 하고 나오는데, 주지 스님이 멀리서 손으로 하트 모양을 하고 나에게 뛰어왔다. 그래서 탄핵됐다는 사실을 알았다고 기자에게 답했다.

박근혜는 탄핵을 당하고 구속됐고 이윽고 이명박도 구속됐다. 우리나라에서 가장 큰 권력을 가졌던 그들이었다. 과연 그들이 성공한 삶을 살았다고 할 수 있을까. 내게 대체 어떤 게 잘 사는 거냐고 묻던 이재용씨도 감옥에 들어갔다.

지금 그리스 지역에는 프리기아라는 나라가 있었다. 프리기아에는 왕이 없었다. 소 수레를 타고 온 사람이 왕이 될 거라는 신탁이 있었다.

어느 날 작은 마을에서 농사짓던 고르디아스와 그의 아들 미다스가 소 수레에 몸을 싣고 프리기아에 있던 테르미소스에 도착했다. 신탁의 예언대로 소 수레를 타고 온 이들을 프리기아 사람들은 왕으로 모셨다.

왕이 된 미다스는 자신이 타고 온 수레를 제우스에게 바치기로 했고 신전 기둥에 엄청나게 복잡한 모양으로 마차를 묶었다. 그 뒤로 이 매듭을 푸는 자가 아시아의 제왕이 될 거라고 예언했다.

마케도니아의 왕이었던 알렉산더가 프리기아에 와서 매듭에 대한 전설을 듣게 된다. 아무도 풀지 못한 매듭을 본 알렉산더는 남들처럼 매듭을 풀려고 하지 않고 단칼에 매듭을 잘라버린다. 알렉산더는 고정관념에 갇히지 않은 인물이었다. 그에게는 많은 이야기가 전해져온다. 대표적인 이야기가 디오게네스와의 일화다.

많은 학자가 제국의 왕인 알렉산더에게 찾아가 머리를 조아렸다. 하지만 당대 가장 뛰어난 철학자로 이름났던 디오게네스는 코빼기도 보이지 않았다. 괘씸하기도 궁금하기도 한 마음에 알렉산더는 그를 직접 찾아 나섰다.

디오게네스를 발견한 알렉산더는 말했다.

"나는 세계의 왕, 알렉산더다. 당신은 나를 아는가?"

"네, 압니다."

"당신은 내가 무섭지 않은가?"

그러자 디오게네스가 알렉산더에게 되묻는다.

"당신은 선하고 좋은 왕입니까? 악하고 나쁜 왕입니까?

"물론, 나는 선하고 좋은 왕이지."

"그렇다면 내가 당신을 왜 무서워합니까?"

"하하, 그런가! 당신을 도와주고 싶다. 필요한 게 있으면 말해보라."

"햇빛이나 가리지 말고 비켜주시오."

왕이나 대통령 같은 힘 있는 사람이 와서 필요한 걸 말해보라고 하면 대부분의 사람은 기회라고 생각하며 이것저것 얘기할 것이다. 그러나 세상을 떠도는 게 더 행복하다고 여긴 디오게네스는 햇빛을 가리지 말라고 했다.

돌아가는 길에 알렉산더는 부하들에게 말했다.

"내가 알렉산더가 아니면 디오네게스가 되고 싶다."

선문답은 고금이 따로 없고 동서양이 따로 없다. 문답 속에서 그 사람의 경지가 보인다. 고정관념에 갇혀 있으면 말문이 턱턱 막힌다. 비워낸 만큼 지혜는 열린다. 생각이 자유로운 사람은 그 어떤 것에도 묶이지 않는다. 더군다나 명리나 물질에 집착하지 않는다. 알렉산더가 자신의 제안을 무참히 거절해버린 디오게네스를 존중했던 것은 알렉산더 내면에 명리 같은 것에 묶이지 않는 자유로운 마음이 있었기 때문이다. 그가 만일 '세계의 왕'이라는 생각에 묶여 있었다면 디오게네스를 가만두지 않았을 것이다.

알렉산더도 부러워했던 디오게네스의 삶은 보통 사람의 눈에는 보잘 것 없었다. 가진 것 없이 통 속에 살면서 먹을 것이 없을 때는 쓰레기통을 뒤졌다. 그러던 어느날 궁정에서 일하는 철학자 친구 아브락사스가 냇가에서 콩깍지를 씻고 있는 디오네게스를 보고 말했다.

"조금만 머리 조아릴 줄 알면 콩깍지 씻어 먹지 않아도 될 것을……."

그러자 디오게네스는 응수한다.

"조금만 콩깍지 씻어 먹을 줄만 알면 머리 조아리고 살지 않아도 될 것을……."

디오게네스는 사유의 자유를 위해 물질적 자유를 기꺼이 포기했다. 진정한 삶이 바로 철학하는 삶에 있다고 보았기 때문이다.

어떤 것이 더 나은 삶일까. 우리가 살아가는 데 꼭 필요한 것은 무엇일까.

따스한 햇볕과 잠잘 수 있는 장소, 목숨을 이어갈 콩깍지…….

오늘날 우리는 너무 많은 걸 가지고 사는 게 아닐까. 그 많은 걸 유지하기 위해 도리어 삶이 번잡해지는 건 아닐까.

박근혜가 탄핵되고 난 후에 인터뷰 요청이 있었다. 아무래도 내가 '이명박근혜' 정권과 끊임없이 부딪쳤기 때문일 것이다. 기자가 던진 질문은 나 뿐만이 아니라 우리 모두가 고민해야 할 문제였다.

기자는 내게 물었다.

"촛불 그 후, 우리는 어디로 가야 할까요?"

나는 대답했다.

"내 안에, 그리고 우리 안에 박근혜는 없을까요? 우리 마음속에 출세를 향해 끊임없이 내달리는 김기춘과 우병우는 없을까요? 이들만 탓하고 넘어가면 우리 내면에 또 다른 박근혜가 나오고 우병우가 나옵니다. 내 안의 박근혜도 탄핵해야 합니다."

불교에서는 탐진치(貪瞋癡)라는 삼독심이 있다. 마음속의 독이다. '탐'이 생기면 마음이 뜬다. 욕심이 채워지지 않으면 성을 낸다. 그게 '진'이다. 냉정함을 잃고 어리석은 행동을 하는 게 '치'다. 삼독심은 계정혜(戒定慧)로 다스려야 한다. '계'를 살생을 하지 말라 등의 계율로 여기는 사람들이 많은데 본질은 올바르고 정직하게 살려는 마음이다. 거짓 없음. 그러면 두려움이 사라지고 사물을 바라보는 마음가짐이 냉정해진다. 그게 '정'이다. 거기서 '혜'가 나온다.

헨리 데이비드 소로는 자신이 선택한 삶을 후회 없이 살았다. 그의 결의는 다음 문장에 잘 드러난다.

"나는 누구에게 강요받기 위하여 이 세상에 태어난 것은 아니다. 나는 내 방식대로 숨을 쉬고 내 방식대로 살아갈 것이다. 누가 더 강한지는 두고 보도록 하자."

물질에서 벗어나려면 어떻게 해야 할까.

결국 길은 하나다. 생각하며 사는 것이다. 인간과 침팬지의 유전적 차이는 2퍼센트도 되지 않는다. 약 1.6퍼센트의 차이가 둘을 가른다. 둘을 가르는 경계점은 무엇일까. 나는 사유라고 본다. 철학적 사유가 우리를 인간이게 하는 근본이다.

먹고살기 위해 일해야 하는 동시에 무엇이 가치 있는 삶인지 생각해야 한다. 이것의 균형이 없으면 제대로 된 인간으로 살 수 없다.

세계 최고 이단아

예전에 나는 신문을 보며 세상 돌아가는 흐름을 놓치지 않으려고 했다. 나이가 드니 눈이 침침해서 신문 보기가 슬슬 힘들어졌다. 그래서 요즘 팟캐스트로 뉴스도 듣고 세상에 무슨 일이 있는지 알려고 한다. 그래야 세상의 아픔이 무엇이고 상처가 무엇인지 알 수 있다. 산중에 있는 수행승이라도 사회 공동체의 일원으로 살고 있으며 세상일을 알아야 아픔의 현장에 참여할 수 있지 않겠는가.

국립국어원 표준국어대사전은 '상식(常識)'을 사람들이 보통 알고 있거나 알아야 하는 지식. 일반적 견문과 함께 이해력, 판단력이라고 정의한다. 보편적으로 많은 사람이 공통적으로 생각하는 것을 상식이라고 한다. 그러나 뜻으로 풀어보자면, 항상 상 자를 쓰는 상식은 단지 그 사회의 지배적 생각이 아니라 많은 이가 변함없이 공감하고 수용할 수 있는 진리, 즉 옳은 생각이다.

2013년 노무현 시민학교 초청으로 봉하마을에서 강연한 적이 있다. 그때 토머스 페인의 책 『상식(Common Sense)』을 소개했다.

이 책이 출간되자 아메리카 대륙은 놀라움과 흥분으로 술렁이기 시작한다. 토머스 페인은 책을 통해 미국 독립이 지극히 상식적인 진실이라고 말했다.

"지금부터 여러 쪽에 걸쳐 나는 지극히 단순한 사실, 평범한 논의, 그리고 상식을 말하겠다."

그는 군주제에 대해 신랄히 비판했고 민주적 공화제만이 대안이라고 역설했다. 당시 미국은 영국에 속한 땅이었고, 미국을 지배하던 영국은 군주 전제정과 귀족 전제정 그리고 이를 얄팍하게 덮고 있는 공화정으로 복잡하게 얽혀 있는 나라였다.

'모든 인간은 평등하다.' '모든 사람은 자유로운 존재다.' 이러한 상식에 기초할 때 특권층을 인정하고 영국에 의한 지배를 용인하는 것은 상식에 어긋나는 일이었다. 토머스 페인은 상식에 따라 영국 왕실로부터 완벽히 독립적인 아메리카 대륙의 새로운 정부가 들어서야 한다고 주장했다.

오늘날 입장에서 보면 당연한 상식이지만 당시에는 그렇지 않았다. 미국 독립의 아버지라고 칭송되는 조지 워싱턴도 1770년대 초까지는 독립에 반대했다. 당대 가장 훌륭한 지성인이라 불리던 벤저민 프랭클린도 처음에는 마찬가지였다. 독립전쟁에 참가한 많은 아메리카인도 페인의 주장에 상당한 거부감을 느꼈다. 당시 사람들은 군주제와 공화제를 섞은 영국의 정치형태가 이상적이라고 여겼다. 그러나 사람들은 페인의 설득력 있고 힘 있는 논리에 설복되어갔다. 그 때문에 당시 과격하고 파격적인 페인의 혁명적 주장은 어느새 사람들의 마음속에 당연한 가치가 되어가고 있었다. 즉, 상식이 된 것이다.

『상식』은 출간한 지 삼 개월도 안 돼 십만 부가 팔리는 선풍적인 인기를 누렸다. 브리태니커 사전에 따르면 일 년 만에 오십만 부가 팔렸다는 주장도 있다. 당시 미국 인구는 이백오십만 명이었다. 미국 인구의 태반이 문맹이었던 점을 감안하면 책을 조금이라도 읽을 줄 아는 사람들은 모두 읽었다고 해도 과언이 아니다. 『상식』의 주장은 1776년 7월 4일에 발표된 미국의 독립선언문에 거의 그대로 수록되었다.

미국의 독립을 위해 온몸을 불사르기를 마다하지 않는 페인이었지만 생활은 늘 궁핍했다. 저서마다 수십만 부가 팔렸지만 보급에 더 관심이 있었던 토머스 페인은 책값을 아주 싸게 매겼다. 때로는 인세를 받지 않기도 했다. 가난을 견디기 힘들게 되자 그는 의회에 재정 지원을 요청했다. 하지만 의회 내의 반대파의 반대로 묵살당했다.

미국의 독립을 이끈 페인은 '상식'이 지켜지지 않는 현실이 세계 도처에 있음을 견딜 수 없었다. 1787년 다시 영국으로 건너간 페인은 에드먼드 버크가 쓴 「프랑스혁명에 대한 고찰」에 반박하여 1791년 「인권」을 발표했다. 그가 명명한 양도할 수 없는 네 개의 권리는 자유, 재산, 안전, 억압에 대한 저항이었다. 그것의 기본적인 전제는 모든 인간에게는 공통된 자연적인 권리가 있고 오로지 민주적인 제도만이 이 권리들을 보장할 수 있다는 것이다. 이 책은 군주제의 존재를 반대한다는 이유로 당시 영국에서는 금서가 되었다.

미국 독립을 옹호했던 버크가 프랑스혁명에 반대하는 것을 페인은 이해할 수 없었다. 버크가 재반박하자 페인은 「인권」 제2부를 발표하여 맞받아쳤다. 「인권」 1, 2부는 프랑스혁명을 지원하는 사상적 기초가 되었지만, 기득권 세력에게는 눈엣가시와 같았다. 페인은 유럽 사회의 구조적 모순의 원인을 분석하고 가난, 문맹, 실업, 전쟁 등에 대한 치유책을 찾고자 했다. 모든 이의 인권을 인정하기 위해서는 기득권자들의 권리를 제한해야 하는 것은 당연한 귀결이었다. 페인은 대중교육과 빈민구제, 노인연금, 실업구제를 위한 공공사업을 실시해야 하며 그 비용은 누진적인 소득세 징수로 충당해야 한다고 주장했다. 지금으로 말하자면 '부유세' 같은 개념이었다.

페인의 주장이 너무 위험하고 과격하다며 영국 정부는 페인의 저작들을 판매 금지 조치하고 출판업자마저 투옥시켰다. 반역죄로 기소된 페인에게는 체포령이 떨어졌다. 다행히 페인은 체포령이 자신에게 도착하기 전, 프랑스 국민공회 의원으로 선출되어 프랑스로 가고 있었다. 하지만 자신들의 기득권에 도전한다고 여긴 영국은 궐석재판을 열어 페인을 반란죄로 유죄판결을 내린 뒤 법익을 박탈당한 자로 선포했다.

프랑스에 건너온 뒤에도 페인의 삶은 순탄치 않았다. 군주제 철폐에 환호를 보냈지만, 국왕 루이 16세의 목숨은 살려주자고 주장한 탓이었다. 권력을 잃은 루이 16세는 페인에게 단지 한 명의 인간일 뿐이었다. 하지만 권력을 잡은 로베스피에르 등 급진주의자들의 생각은 달랐다. 이들은 자신들에게 방해가 되는 페인을 1793년 12월 28일 투옥했다. 이번에도 다행히 다음해 11월 4일 로베스피에르가 실각함으로서 페인은 풀려날 수 있었다.

좋지 않은 건강에도 불구하고 프랑스 국민공회에서 혁명의 완성에 심혈을 기울이던 페인은 1802년 9월 프랑스에서의 생활을 마치고 미국으로 향했다. 그러나 미국을 위해 애쓴 자신의 노력은 모두 잊혔고, 이미 자신이 세계 최고의 이단아로 대접받고 있음을 확인했다. 새로운 기득권층이 된 이들에게 페인은 불편한 존재였다. 특히 재산 소유의 불평등을 공격한 페인의 마지막 책 『토지 분배의 정의』는 기득권층에게는 달갑지 않았다. 1797년 발표된 『토지 분배의 정의』가 못마땅했던 기득권층은 그가 출옥 전후에 쓴 『이성의 시대』의 1, 2부를 근거로 페인을 무신론자로 몰아세웠다.

절망한 페인은 술을 마시면서 가난을 잊고 쓸쓸함을 달래다가 1809년 6월 8일 뉴욕 시에서 파란만장한 생을 쓸쓸히 마쳤다. 그나마 미국의 독립혁명에 큰 기여를 한 대가로 뉴욕 주정부에서 하사한 뉴로셀 농장에 묻히기는 했지만 페인의 장례는 제대로 치러지지 않았다. 십 년 후 저널리스트 윌리엄 코벳이 그의 유해를 영국으로 가져가 뒤늦게나마 장례식을 페인의 공로에 걸맞게 치르려 했으나 성공하지 못했다. 그 때문에 페인은 유골마저 분실된 상태에서 오직 책으로만 우리에게 남게 됐다.

"인간은 토지를 만들지 않았다. 개인의 재산은 단지 개량(改良)의 가치일 뿐, 토지 그 자체는 아니다. 모든 토지 소유자는 그가 점유한 토지에 대한 지대(地代)를 공동체에 빚지고 있다. 나는 이 지대로부터 국가 기금을 만들어 그 금액을 모든 사람들에게 지불할 것을 제안한다."

페인은 이와 같은 주장을 미국의 학자 피터 반스가 이어받았다. 피터 반스는 자연 재산을 넘어 공유재의 개념으로 확장한다. 그는 공유재는 개인이나 기업이 아니라 자연이나 사회 전체가 만든 자산이며 여기에 공기와 생태계, 과학과 기술, 법과 금융 체계 그리고 경제체제 등을 포함시킨다. 그리고 부자가 부유해진 것은 부를 창출해서라기보다 공유재에서 정당한 몫보다 훨씬 많은 부분을 낚아챘기 때문이라고 했다.

지난 삼십 년 동안 경제성장의 혜택은 대부분 부자들에게 돌아갔다. 노동자에게는 이르지 못하고 있다. 공유재에서 얻은 수입을 동등하게 분배하자는 주장은 지극히 상식적이다.

노벨 경제학상을 수상한 허버트 사이먼은 주장한다.

"우리가 '스스로 벌었다'고 할 수 있는 부분은 매우 유리하게 평가한다고 해도 기껏해야 소득 가운데 오 분의 일 정도. 나머지는 엄청나게 생산성 높은 사회 체제에 속한 덕분에 세습한 재산이다."

'시민배당'은 아직 낯설 수 있다. 시민배당이 인간 평등에 온당하다면 마땅히 상식이 되어야 할 것이다. 언젠가는 '상식'이 될 거라 믿는다. 단지 권력자를 끌어내리는 것으로 우리가 꿈꾸는 세상은 이뤄지지 않는다.

결국 경제민주화로 나아가지 않으면 도루묵이 될 수도 있다. 경제라는 고비를 넘어설 때 비로소 우리가 사는 세상이 더 나아질 거라고 나는 믿는다.

윗사람 말
잘 들어야 한다고?

"불교에서 말하는 해탈이라는 것은 벗어나는 겁니다. 하지만 어디로부터 무엇을 벗어나야 하는 걸까요?"

언젠가 언론정보학회 학술대회에서 강연을 하다 참석자들에게 질문을 던졌다. 객석은 조용히 이어질 내 말에 귀 기울이고 있었다. 내 답은 단순했다.

"모든 화두는 결국 모른다는 대답으로 귀결됩니다. 인간은 끊임없이 알려고 애를 쓰지만, 알려고 하면 할수록 모를 수밖에 없지요. 앎에서 벗어나는 걸 해탈이라고 하는 겁니다."

우리가 어떤 사물을 바라보는 관점은 교육되고 환경에 의해 오랫동안 익혀온 습관들이 총체적으로 만든 체계다. 그 체계 속에서 우리는 바라보고 선택하게 된다.

중국의 운문 선사는 초파일 법문에서 말했다.

"부처가 태어날 때 내가 있었더라면, 때려 죽여 개가 먹게 던져주었을 것이다"

당연히 이 법문은 부처를 욕보였다고 야단이 났다. 하지만 세월이 지나 운문 선사를 욕했던 법안종의 증조인 법안 스님은 이런 말을 남겼다.

"운문 전에도 후에도 운문만큼 부처를 찬탄한 이가 없었고 또한 앞으로도 없을 것이다."

그러니까 부처라는 이름의 허상을 깨야 사물의 실체와 본질이 드러나고 비로소 자유로울 수 있다.

어떤 가치를 추구하며 살 것인가. 행복을 꿈꾼다면 나는 자유를 꿈꾸라고 말할 것이다. 자유롭다는 것은 어떤 것에도 묶이지 않고 자기 삶의 주인이라는 의미다. 노예는 행복할 수 없다. 자유가 없기 때문이다. 시키는 대로 하는 삶은 그 삶이 아무리 달콤하더라도 근본적으로 불행할 수밖에 없다. 반면에 자유롭다면 무얼 해도 행복할 수 있다.

산을 좋아하는 이는 지리산이나 설악산 같은 높은 산들을 하루 이십 킬로미터 이상 걷고도 그다음 날 오히려 힘내서 일한다. 쉬기도 모자란 주말에 그들은 새벽 기차나 버스에 몸을 싣고 와서는 험한 산을 다시 오른다. 그렇게 배낭을 메고 땀을 뻘뻘 흘린 산행을 마친 뒤 기진맥진한 몸으로 돌아간다. 그들은 말한다.

"월요일 출근이 부담스럽지 않은 건 아니에요. 그래도 산에 갔다 오면 더 많은 에너지를 얻어요."

스스로 자기 일을 하는 사람은 기쁘다. 그런 삶을 사는 이가 주인이다. 주인은 자유롭다. 자기 머리로 생각하고 자기 의지로 선택한다. 스스로 행동하고 책임진다. 물론 책임에는 불안과 두려움이 따른다. 하지만 걱정 안 해도 된다. 그때의 불안과 두려움은 설렘의 다른 얼굴이다.

우리는 대게 우리가 자유롭게 살고 있다고 생각한다. 내가 하고 싶은 대로 생각하고 행동한다고 여긴다. 하지만 조금만 삶의 속살을 파고 들어가면 우리에게 자유가 별로 없다는 걸 알게 된다. 아침 일찍 일어나 출근하고 저녁이 되어서야 퇴근하는 삶. 아이들도 학교 수업이 끝나면 학원에서 공부하다 저녁 늦게 집에 돌아온다. 모두 비슷비슷하게 산다. 삶의 모양이 문제가 아니다. 내용이다. 자기 의지대로 살고 있는가. 내면의 목소리에 귀기울인 적 있는가.

대부분 사람들은 이미 정해진 대로 걷는다. 공장에서 찍어낸 기성복처럼 말이다. 사회가 정리해둔 길대로 간다. 그렇게 살아야 한다고 생각한다. 조금만 벗어나도 불안하다. 큰일이라도 날 거 같다.

결혼식이나 졸업식에 가면 화려한 꽃이 잔뜩 있다. 비닐하우스에서 자란 꽃들이다. 좋은 거름에서 제 때 물을 받으며 자랐다. 누가 봐도 아름답다. 그러나 이 화려한 꽃들도 결국 시들어 쓰레기통에 버려진다.

한편 벼랑에서 피는 꽃도 있다. 달빛이 비추면 달빛과 속삭이고 바람이 불면 바람에 흔들리는 꽃. 햇빛이 내리면 햇볕에 몸을 맡기고 새벽이면 이슬을 머금는 꽃. 아무도 맡지 않는 향기를 내뿜으며 벼랑에 핀 꽃. 아무도 보지 않는 곳에서 홀로 피었다 지는 꽃.

어떤 꽃이 더 행복한 꽃일까.

"대의를 위해 너를 희생하라."

국가와 집단은 말한다. 우리를 옭아맨다. 폭력이다. 대의가 정말 대의라면 왜 우리가 그것을 따르지 않겠는가. 개인의 희생을 전제로 한 강요된 대의는 대의가 아니다.

아니라고, 싫다고 말할 줄 알아야 한다. 한 번 사는 삶이다. 남처럼 살다가 죽을 것인가. 스스로 묻자.

가장 중요한 것은 우리가 묶여 있다는 걸 인지하는 것이다. 물고기가 그물에 걸릴 줄 아는 것과 그물에 걸린 줄도 모르는 것의 차이는 크다. 우리가 만약 그물에 갇혀 있다면 벗어나기 위해 애쓸 것이다. 자각한 것은 모든 일의 출발점이다.

"착하게 살아야 한다."

"윗사람 말을 잘 따라야 한다."

귀에 못이 박히도록 듣고 살았다. 국가와 사회 그리고 윗사람이 요구하는 기존 가치에 순응하는 삶이 괜찮은 삶이라고 한다. 모난 돌 같이 살면 잘 사는 게 아니라고 지적한다. 가두리 양식장의 물고기처럼 물속에서 자유로이 헤엄치고 있는 것 같지만 그것은 사육당하는 것이다. 자유의지와는 상관없다.

본래 야생에서 뛰어 놀던 늑대가 지금은 목줄에 묶인 개가 되어 우리 곁에 있다. 한번 목줄이 묶인 개는 다시 야생으로 돌아가기 어렵다. 목줄을 풀어줘도 자유를 누리지 못한다. 금세 돌아와 줄을 매어달라고 꼬리를 흔든다. 안락한 잠자리와 풍족한 먹거리가 보장되기 때문에 매를 맞으면서도 떠나지 않는다. 가끔 불청객에게 사나운 이빨을 드러내며 밥값을 하는 걸로 만족한다.

인도에는 이런 우화가 있다.

옛날에 쥐 한 마리가 살고 있었다. 쥐는 고양이가 무서워 늘 벌벌 떨었다. 이 모습을 본 한 마법사가 쥐를 불쌍하게 여겨 고양이로 변신시켜줬다.

고양이가 된 쥐는 개가 무서워서 오들오들 떨었다. 마술사는 다시 한 번 마술을 부려 개로 변신시켜줬다.

개가 된 쥐는 표범을 무서워하며 쩔쩔 맸다. 어쩔 수 없이 마술사는 표범으로 변신시켜줬다.

그런데 표범이 된 쥐는 사냥꾼이 무섭다고 벌벌 떨었다. 이 모습을 본 마술사는 표범으로 변한 쥐를 원래 모습으로 돌려놓으며 말했다.

"내가 아무리 애쓴다고 해도 네놈에겐 아무런 소용이 없다. 아무리 겉을 바꿔도 네 마음속에서 너 자신은 늘 쥐일 뿐이니까."

우리는 과연 이 쥐와 다르다고 할 수 있을까. 두려움에 떠는 쥐 신세를 면하려고 한다면 스스로 생각할 수 있어야 한다. 세상의 어떤 생각이라도 맹신하지 말고 꼼꼼하게 따지고 받아들여야 한다.

부처는 말했다.

"승려와 학자 들은 내 말을 존경심에서 받아들일 것이 아니라 금을 세공하는 사람이 금을 자르고 녹이고 갈고 만져서 다듬듯이 그렇게 다듬고 분석하여 받아들여야 한다."

1955년 12월 1일 미국 오하이오 주 몽고메리 시에서 버스를 타고 있던 로자 파크스는 수갑이 채워진 채 쫓겨났다. 그녀가 체포된 이유는 백인 남성에게 자리를 양보하지 않았다는 이유였다.

링컨이 노예제도 폐지를 선언한 지 구십오 년이 지났지만 당시 몽고메리 시는 버스 앞 네 줄을 백인 전용 좌석으로 지정하는 등의 인종차별 정책을 고수하고 있었다. 흑인을 비롯한 유색인종은 백인 전용 좌석을 제외한 자리에 앉아야 했다. 백인 전용 좌석이 만석일 때는 자리를 양보해야 했다. 버스가 만원이 되면 순서에 상관없이 내려야 했다. 버스 이용객의 75퍼센트가 흑인이었지만 부당한 차별은 멈추지 않았다.

버스기사가 로자 파크스에서 자리를 양보하라고 명령했지만 그녀는 외쳤다.

"싫어요(NO)!"

역사의 물길을 바꾼 한마디다. 이것을 시작으로 흑인인권운동 '몽고메리 버스 보이콧'이 들불처럼 일어났다. 그들이 외친 구호 가운데 하나가 "우리는 자유다(We are free)."

오직 자유인만이 'No'라고 외칠 수 있다.

힘 있고 가진 자들이 우리를 별 볼일 없고 우매한 대중으로 여길지라도 우리 자신은 저항해야 한다. 우리 스스로가 우리 자신을 존중할 때 그 어떤 권력도 우리를 침범할 수 없다. 나는 우리 국민에게 위대한 덕성이 있음을 믿는다. 촛불혁명을 비롯한 수많은 역사의 고비에서 우리는 경험으로 이를 확인했다. 우리는 우리 삶의 주인이다. 눈을 크게 뜨자.

'No'라는 한마디는 주인으로 살고자 하는 우리 안의 무수한 에너지를 'On'시킨다. 그래서 'No'는 주인의 언어다.

변소에 단청한다고
냄새가 사라지나

2017년 8월 한창 무더운 여름날 조계종 적폐 청산을 위해 스무날 가까이 단식 농성하고 있을 때였다. 중학교 이학년 이승현 양이 나에게 준 편지를 건넸다.

안녕하세요. 승현이에요. 요즈음 많이 힘드시죠? 괜찮아요. 그럴 수 있어요. 저도 스케이트 타다 넘어지면 다시 일어나서 달려요. 왜 그런지 아세요? 일등이 아니여도 아직 끝나지 않았기 때문이에요.
항상 잘할 순 없잖아요. 기회는 많아요. 수천 번, 수억 번! 저는요, 스케이트 팀에 있는 언니들이 괴롭혀도 울지 않아요. 절대 포기하지 않아요. 제가 절망에 빠져 허우적대길 그들이 원하니까요.

지금은요. 제가 그 언니들보다 훨씬 잘 타요. 이유는요. 묵묵히 제 갈 길 가고, 누군가 내 마음에 던진 벽돌로 벽을 쌓고, 저를 울게 했던 말들을 생각하며 오기로 계속 달렸어요.

넘어지고, 부딪히고, 깨져도 다시 일어났어요. 그 언니들을 일러바치고, 미워하고, 공격할 시간에 백 배, 천 배 노력했어요. 힘센 언니들을 이기는 방법은 제가 그 언니들보다 잘 타는 거예요.

전 힘들 땐 스님이 사준 옷을 입고 마음속으로 이렇게 외쳐요. '희망을 가지고 더 힘내자!'

스님의 원력이 조계종 적폐 청산의 원동력이 될 것을 확신합니다. 이제 그만 굶어요. 굶을 사람은 따로 있잖아요. 아시죠?

스님 힘내세요!

이승현 올림

이승현 양은 스케이트 국가대표 상비군이다. 키는 작지만 다부지게 스케이트를 잘 탄다. 이승현 양의 아버지 이석만 기자는 조계종의 부정과 비리를 고발했다는 이유로 이른바 '해종 언론'이 되어 사찰에 출입도 못하고 취재도 못하는 상황에서도 몇 년을 버티며 뜻을 굽히지 않았다.

오늘날 한국 사회에서 종교가 보여주는 모습은 참으로 부끄럽다. 특히 불교가 깊은 잠에서 깨어나려면 아직도 가야 할 길이 멀다. 잘못된 것이 너무 많다. 그동안 가리고 감춰 왔다. 변소간에 단청한다고 냄새가 사라지지는 않는다. 아무리 그럴싸하게 치장한다고 해도 부도덕한 행위가 청산되지 않는다면 종교는 그 성스러움을 잃는다. 한 잔의 우유에 한 방울의 독만 떨어져도 마시지 못하게 되는 것과 같다. 부끄러운 일이 있으면 참회하고 용서를 구해야 한다.

오늘날 한국의 기독교는 1919년 평양대부흥성회를 계기로 번성했다. 당시 장로였던 길선주는 다음과 같이 고백한다.

"나는 아간과 같은 자입니다. 일 년 전 죽은 친구로부터 재산을 관리해달라는 부탁을 받았습니다. 그런데 저는 그 재산을 관리하며 미화 백 달러 상당을 훔쳤습니다. 내가 하나님의 일을 방해한 것입니다."

아간은 구약성서 「여호수아서」에 등장하는 인물로 야훼에게 바쳐야 하는 전리품 가운데 외투와 금덩이를 탐해 도둑질한 대가로 돌에 깔려 죽임을 당한 자다. 길선주 장로는 목사가 되어 3·1 운동 당시 민족대표 33인의 한 사람으로 독립선언서에 서명해 두 해동안 옥고를 치렀다.

그는 '한국 교회의 오순절'이라 불리는 평양대부흥회가 있던 1907년 1월 14일 저녁 집회가 큰 감흥없이 끝나가는 것을 조용히 지켜봤다고 한다. 이미 수백 명이 자리를 뜨고 있었고 부흥회는 실패나 진배가 없었다. 그런 절망적인 분위기 속에서 겨우 남은 사람은 육백 명밖에 되지 않았다. 그는 비장한 마음으로 이들 앞에 서서 고백했다. 그러자 절망과 침묵 속에 빠져 있던 교인들이 하나둘 큰 소리로 여기저기서 '첩을 거느렸다.' '남을 속였다.' '간통했다.' 등을 쏟아냈다. 이날 회개는 날을 넘겨 새벽 두시까지 이어졌다고 한다. 이런 통렬하고 진실한 반성이 있었기에 소수 종교였던 기독교는 한국에서 급성장할 수 있었다.

나는 지금 그런 고백 운동이 종교에서 일어나야 한다고 생각한다. 다른 종교들보다 먼저 불교에서 일어나야 한다. 지금 불교에서는 이름만 들어도 알 만한 절에서 신도들의 돈을 횡령한 사건도 있고 논문을 표절하거나 학력을 속인 채 요직을 맡고 있는 이들도 있고 자식을 숨겨둔 고위직 승려도 여럿 있다. 속으로 이렇게 썩어 문드러져 있으면서도 쉬쉬하며 감추고 아무리 거룩한 옷과 말로 치장한다고 해도 썩은 내는 지워지지는 않는다.

진실이 아닌 거짓으로 짧은 시간에 한두 명 정도는 속일 수 있지만 여러 대중을 오랜 기간 속일 수는 없다. 그리고 대중을 속이는 행위는 그들 자신을 지옥으로 가게 만들 것이고 잘못을 감추고 사는 세월 내내 고통일 뿐이다. 촛불혁명 이후 세상은 더욱 맑아지고 투명해지고 있다. 사람들의 눈높이도 높아졌다. 과거와 같이 적당히 감언이설로 사람들을 속일 수는 없다.

『증일아함경』에는 이런 말이 있다.

지금이 바로 자신을 돌아보아 참회할 때이니라.
때를 놓치지 말고 참회하라.
사람이 세상을 살아감에 허물이 있을지라도
곧 스스로 그것을 고치면 그는 훌륭한 사람이니라.
내 가르침은 넓고 커서 큰 허물이라도 용서하리니
지금이라도 참회하는 것이 좋다.
……
사람이 악행을 지었더라도
허물을 뉘우치면 죄는 차차 엷어지나니
날마다 자신의 허물을 뉘우쳐 고치면
언젠가는 죄의 뿌리는 아주 뽑혀지리라.

잘못을 고백하고 진실로 참회하는 것만이 종교가 다시 일어날 수 있는 길이다. 적당히 가리고 숨기는 것으로 도덕적 신뢰가 회복되지는 않는다. 썩은 땅 위에 아무리 훌륭한 성전을 세우고 불탑을 세운들 사상누각에 불과하다. 비록 고통스럽다고 해도 지금 죄와 잘못을 고백함으로서 종교 본연의 성스러움을 되살릴 수 있는 것이다. 그것이 아닌 어떤 약도 중병에 든 종교를 낫게 할 수는 없다.

급기야 2017년 12월에는 원효 탄신 천사백 주년, 루터 종교 개혁 오백 주년을 맞아 각 종교의 신도들이 종교개혁선언문을 발표했다.

많은 사람이 고통 속에 있음에도 종교는 따뜻이 안아주지도, 길을 밝히지도 못하고 있다. 성직자와 수행자들의 타락은 이미 종교를 유지할 수 있는 임계점을 넘었다.

우리는 지극한 부끄러움에 얼굴을 들 수 없다. 우리 모두 공범이다. 우리 또한 탐욕과 이기심을 일소하지 못한 채 남 탓만 했다. 종교의 모순과 부조리, 성직자와 수행자들의 타락과 부패에 대해 비판만 했지 적극적으로 나서서 이를 개혁하지는 못했다. 머리나 가슴, 배꼽이 아니라 아픈 곳이 우리 몸의 중심이고 그곳에 부처와 예수가 있는데 약자들의 신음을 외면했다. 설혹 불의에 맞섰다 하더라도 두 걸음을 나아갈 수 있었는데 한 걸음만 내딛는 비겁함도 범했다. 그 사이 사람들은 더욱 고통에 빠지고 종교는 스스로 길을 잃었다.

인류 역사상 종교는 많은 해악을 끼쳐왔다. 그 때문에 많은 종교개혁 운동이 벌어졌다. 덴마크의 철학자 키르케고르도 종교개혁을 주창한 대표적 인물 중 하나다. 1855년 마흔두 살의 나이로 세상을 떠난 그는 임종을 앞두고 찾아온 목사에게 말했다.

"하나님께서 주권자이시라는 것은 확실해. 그러나 후에 인간들이 나타나서 그리스도교 안에 있는 것들을 자기에게 편리한 대로 정비했어. 그렇게 해서 목사들이 주권자가 된 거야."

키르케고르는 마지막 종교의식을 거부했다. 그는 평소 "확실히 모든 것이 개혁되어야 한다. 그리고 그것은 무서운 개혁이 될 것이다. 그것에 비하면 루터의 개혁 따위는 거의 농담에 지나지 않을 것"이라고 주장하기도 했다.

종교개혁과 불교유신을 통해 다시 태어난 이 땅의 종교는 고인 물이 썩듯 썩어서 죽음의 냄새가 펄펄 난다. 위대한 스승들의 가르침은 변함이 없건만 그 가르침을 전하는 절집과 교회와 성당은 썩은 냄새로 진동하고 있다. 위대한 스승들이 물려준 빛은 왜 우리의 마음속을 비추지 않고 중간에 끊어진 걸까. 심지어 어떤 자들은 중간에 그 빛을 빼돌려 사사로이 쓰고 있다. 세상에 어둠이 가득한 까닭이다.

이 지경이 된 종교가 과연 국가와 사회의 보호를 받아야 할까. 종교도 이제는 과거처럼 보호받아야 할 것이 아니라 사회의 상식적 기준에 요구받고 견제받아야 마땅하다. 더 이상 종교는 정신적 영역을 이야기한다는 방패 뒤에 비겁하게 숨지 말아야 한다. 종교가 탈속을 주장할 수 있는 까닭은 세속과 다른 가치를 이야기하는 것만으로는 부족하다. 실제로 그렇게 살아야만 한다. 하지만 오늘날 한국의 많은 종교가 세속적 가치를 숭배하고 있는 상황에서 그것이 세속과 다른 영적 영역이라고 주장할 근거는 없다.

특히 불교가 그러하다. 「종교개혁선언문」에는 불자들의 분노가 담겨 있다. 불자들은 다음과 같이 선언했다.

지금 한국 불교는 절체절명의 위기에 처해 있다. 정법 수행이 사라지고 범계일탈이 만연하면서 승가 공동체는 붕괴하고 삼백만에 이르는 불자들이 이탈하였다. 권승과 주지들이 권력과 자본을 독점한 채 억대 도박, 은처, 공금횡령, 성폭행, 폭력 등을 다반사로 행하면서 외려 청정한 스님들을 배척하고 있다.

여기에 신자유주의적 탐욕까지 절에 스며들고 사방승가 정신을 상실하면서 승가 공동체는 붕괴되어 스님들은 무소유, 평등, 자비의 정신을 상실한 채 각자도생(各自圖生)하고 있다. 노승들은 노후를 보장받지 못한 채 거리를 떠돌고, 젊은 승려들은 불안한 미래에 절을 떠나고 있다. 불자들은 깨달음 지상주의에서 벗어나지 못한 채 중생들의 고통을 외면하고 있다. 이 상황에서 침묵은 또 다른 적폐다. 이제 안으로는 모든 탐욕을 일소하고 깨달음에 이르러 열반을 성취해야 하고, 밖으로는 승가 본연의 청정한 가풍을 일으켜 교단의 온갖 적폐를 청산하고 청정 승가를 구현하여 부처님의 올바른 가르침과 보살의 향기로 물결치게 하여야 한다.

불교를 믿고 따르던 신도들에게서 나온 이 선언은 참으로 무서운 죽비다. 승려들이 재가신도들을 가르치고 일깨우는 것이 아니라 재가신도들이 거꾸로 승려들에게 죽비를 내리고 있는 지경이다. 이런 지경에도 깊은 참회를 통해 자신들의 허물을 통렬히 반성하지 않는다면 불교는 끝내 '송장불교'가 되어 그것을 따르던 신도들에 의해 사장될 수밖에 없을 것이다. 불자들 사이에서는 지금 이 땅에 부처가 오신다면 한국의 절집에는 가시지 않을 것이라는 자조 섞인 말이 돌고 있다. 재가신도들도 버리고 부처마저 버릴 것이라 지탄받는 것이 오늘날 불교의 현실이다.

죽지 않고는 다시 살 수 없다. 뼈를 깎는 개혁 없이는 아메리카의 원주민들이 보호구역 안에서 정부의 보조금을 받아먹으며 아무런 희망도 없이 마약과 술에 찌들어 사는 것처럼 승려들 또한 문화재 보호구역 안에서 그런 존재로 전락할 수밖에 없다. 이대로는 희망이 없다. 희망은 처음 출가했던 마음으로 돌아가는 것이다. 세속의 욕망과 명리를 버리고 삭발염의(削髮染衣)한 마음으로 되돌아가지 않는다면 한국 불교는 다시 일어설 수 없을 것이다.

이는 비단 불교만의 문제는 아니다.

저것들 얼마나
해먹으려고?

함세웅 신부님과 허원배 목사님 같은 뜻 있는 종교인들과 함께 '이게 종교냐?'라는 이름의 모임을 만들었다. '이게 나라냐?' '이게 불교냐?'에 이어 '이게 종교냐'인 셈이다. 가려져 있어서 그렇지 사실 우리 사회에서 종교만큼 부패한 곳은 없다. 그 속에 사는 내부 사람들은 다 알고 있다.

다른 곳은 정부나 언론 등에 의해 감시받고 견제받는다. 종교는 성역이라는 미명하에 감시받지 않는다. 정치권에서도 웬만하면 문제삼지 않으려고 한다. 선거 때 표를 의식해서다. 오히려 어떻게 하면 잘 보여서 한 표라도 더 얻으려고 한다. 종교가 부패하게 되는 이유 중 하나가 정치와 결탁해서다. 언론도 마찬가지다.

오늘날 상업 종교는 이 점을 잘 알고 활용한다. 정치권의 약점을 이용해 여러 가지 지원을 요구하기도 한다. 민원이라고 하지만 약자의 민원이 아니라 강자의 압력인 셈이다. 어째서 이렇게 종교가 부패하게 되었으며 강자가 된 것일까. 한 사람의 종교인으로서 종교란 게 대체 뭐길래 이렇게 되었나 고민하지 않을 수 없다. 종교가 타락하고 문제를 반복적으로 일으키자 국민들은 세상을 걱정해야 할 종교가 도리어 세상이 종교를 걱정하는 꼴이 되었다고 지적한다. 세상의 빛과 소금이라는 종교가 세상에 걱정을 끼치는 상황이다. 과연 종교의 의미는 무엇일까.

종교가 없어도 바르고 착하게 이웃을 도우며 잘 사는 사람도 많다. 반면 종교를 가지고 있지만 세상에서 지탄받을 일들을 하는 이도 적지 않다. 심지어 종교의 가르침을 전하는 역할을 맡고 있는 승려, 신부, 목사 들이 사회적으로 지탄받는 경우가 허다하다.

출가해 승려들이 처음 배우는 『초발심자경문』이란 책이 있다. 앞머리에 "재색지화(財色之禍)는 심어독사(甚於毒蛇)"라는 구절이 있다. "재물과 색욕의 화는 독사보다 심하다"는 뜻이다. 왜 처음 출가한 스님들이 스스로 경계할 것을 가르치는 책에 색보다 재가 먼저 나와 있는지 생각해볼 필요가 있다. 모든 화와 고통의 근원이 바로 물질적인 욕심에서 비롯되기 때문이다.

오늘날 종교가 문제를 일으키는 대부분의 원인도 바로 이 물욕 때문이다. 대부분의 종교가 이 물질에서 벗어날 것을 가르치고 있다. 부자가 천국에 가는 것은 낙타가 바늘구멍 통과하는 것보다 어렵다는 말도 있다. 이슬람의 경우 부자에게 '자카트'라는 자발적 희사(喜事)를 강조하고 있다. 자카트는 무슬림의 의무다. 욕망에서 벗어나는 삶을 강조하는 불교 역시 무소유를 주창한다.

현실은 정반대다. 큰 교회를 짓고 큰 불탑을 세우느라 야단이다. 기도다, 불사다 해서 연신 돈을 걷어댄다. 심지어는 불사도 하지 않으면서 불사를 한다며 기와불사의 명목으로 파는 경우도 있다. 종교인이 삐끼도 아니고 절 앞에 이런 기도를 해라, 저런 불사에 동참하라는 현수막을 걸어놓으며 광고한다.

한국에서 가장 부자 절 가운데 하나인 봉은사에는 아픈 과거가 있다. 1988년 승려들이 절을 뺏기 위해 깡패들을 동원해 각목싸움을 벌인 적이 있다. 그 일로 많은 신도가 마음에 상처를 입었다. 1994년 2월에는 수도권에서 기도도량으로 유명한 관악산 연주암을 뺏기 위해 자승이 깡패들을 동원한 적이 있다. 그때 지키는 쪽과 빼앗으려는 쪽 모두 깡패들을 동원해 싸웠다. MBC 등 언론사에서 이 볼썽사나운 현장을 찍어 방송에 내보내기도 했다. 당시 자승은 현장에 나가 깡패들을 지휘를 했다. 방탄조끼를 입고 관악산 연주암에 올랐다고 한다. 자승은 후일 내게 깡패들을 동원하느라 십억이 들었다고 말하기도 했다.

자승은 자기 입으로 "절 뺏기 하느라 중노릇 제대로 못했다"고 고백했다. 그때 크게 징계하여 절집에 발을 못 들이게 했어야 했다. 그런데 내가 '젊은 사람의 미래를 봐서 경징계를 해주자'고 했다. 오늘날 불교를 엉망진창 만든 자승이 조계종 총무원장이 되었으니 나에게도 큰 잘못이 있다. 자승이 한 해 수십억 원의 수입이 나오는 관악산 연주암의 주지를 맡아 그 돈으로 종단정치를 했다고 하니 더욱 그렇다.

2013년 조계종이 여러 가지 비리문제로 홍역을 치루고 있었을 때 선방에서 수행하는 스님들이 개혁 조치의 일환으로 자승에게 오랫동안 차지하고 있던 연주암을 내놓으라고 한 것도 그 이유에서였다. 하지만 자승은 고민해보겠다고 해놓고 오늘날까지 어영부영하고 있다.

만일 봉은사나 관악산 연주암이 돈 없는 절이었다면 승려들이 깡패들을 동원해 절 뺏기를 했을까. 모두 돈 때문이다. 나는 봉은사가 돈 때문에 홍역을 앓은 절이기 때문에 봉은사를 바꾸면 한국 불교를 바꿀 수 있겠다는 생각으로 주지를 맡았다. 1994년 종단개혁 후 나에게 많은 스님이 돈 되는 대구 팔공산의 선본사나 강화 보문사를 맡으라고 했을 때도 마다한 내가 봉은사 주지로 들어간 것은 그런 원력(願力)이 있었기 때문이다.

종단개혁 후 종회의원으로 활동했지만 나를 포함한 종단의 요직을 차지하고 있던 백오십여 명의 승려들은 우리가 내쫓은 서의현을 닮아가고 있었다. 종단을 개혁하려고 했던 나를 비롯한 주변 사람 모두 어떤 면에선 권력에 취해 우리가 비난하던 사람들의 모습을 재탕하고 있었던 것이다. 나는 내심 위로부터의 종단개혁이 실패했다고 생각했다. 그 점은 늘 부끄럽고 미안한 마음이다.

봉은사 주지는 내가 들어갈 자리는 아니었다. 나는 선거 때 총무원장을 역임했던 지관 스님을 반대했다. 봉은사 같은 절은 논공행상을 할 때 첫 번째 자리였기 때문에 반대파를 등용할 리 만무했다. 그런데 또 한 번 봉은사가 분란에 휩쓸릴 상황이 되자 지관 스님이 나에게 봉은사 주지를 전격적으로 제안했다.

나는 지관 스님에게 말씀드렸다.

"이전 관행처럼 스님께 용돈을 드리는 일은 못합니다. 대신 주지 잘 뽑았다는 소리 들을 수 있게 신명을 바치겠습니다."

지관 스님은 "용돈은 내가 줄 테니 가서 주지 잘 해봐"라고 답하셨다.

선방 다니던 내가 큰 절 주지를 맡자 불교계 기자들이 포부를 물었다. 그때 나는 "새벽 예불 잘 모시고 바루를 펴고 생활하겠다"고 말했다. 기자들은 너무 당연한 거 아니냐며 큰 절을 맡은 것에 비해 별 내용이 없다고 평했다.

하지만 아무리 도심지 절이라고 해도 예불 등 기본 수행을 근본으로 삼지 않으면 그 어떤 거창한 일을 해도 소용없다는 게 내 지론이다. 당연하고 기본적인 수행을 하지 않아 한국 불교가 이처럼 무너진 것이다. 주지를 맡고 한 달이 되지 않을 때였다. 나는 수행의 기틀을 다지기 위해 천일기도를 하겠다고 약속했다. 절 밖을 나가지 않고 천 일 동안 기도를 하겠다고 했지만 신도들의 반응은 싸늘했다.

처음에는 '저것들이 얼마나 해먹으려고 저런 쇼를 하느냐?'고 뒷소리하는 신도가 많았다고 한다. 그동안 스님들 사는 모습을 본 신도들로서는 당연한 반응이었는지 모른다. 봉은사의 경우, 1988년 각목 사건 이후 동원했던 깡패들에게 약속한 돈을 주지 못하자 폭력배들이 대웅전 앞에 서서 칼로 자기 팔을 그어 피를 보여주면서 돈 내놓으라고 공공연하게 협박할 정도였으니 더 무슨 말을 할 수 있을까.

천일기도가 오백 일을 지날 때까지도 신도들의 냉랭한 마음은 제대로 풀리지 않았다. 칠백 일쯤 되었을 때는 진정성을 믿어주는 것 같았다. 아마도 재정 공개를 단행했기 때문일 것이다. 나는 매달 재정을 공개하고 문제가 되는 불전함을 신도들에게 직접 걷게 만들었다. 절집에서 현금이 들어 있는 불전함은 그동안 주지의 쌈짓돈이나 마찬가지였다. 주지나 주지 측근이 필요한 돈을 빼고 나머지 금액을 종무소에 신고하는 식이었다. 모두 현금이고 장부를 적는 것도 아니기 때문에 누가 냈는지 총액이 얼마인지도 모르기에 그렇게 해도 된다고 생각하고 있었던 것이다. 재정 공개를 하겠다고 했을 때 종단에서 개혁적인 생각을 가진 스님들이라고 꼽히는 이들이나 재가 종무원들도 시기상조라며 반대했다. 제대로 준비하고 시행하자는 것이 주된 이유였다.

내가 고집을 부렸다. 문제가 생기면 고쳐가며 하더라도 재정 공개는 시급히 단행해야 한다는 생각이 있었다. 당시 일간지에서 사설로 다루는 등 사회의 반응은 긍정적이었다. 하지만 절집 내에서는 나는 '역적'이 됐다. 자기만 투명하고 우리는 모두 도둑놈이냐는 반응도 있었다.

지금 돌아보면 좀 더 설득하는 작업이 필요했다는 마음도 든다. 그럼에도 잘했다고 생각한다. 종교가 돈에서 멀어지지 않으면 본질을 잃기 때문이다. 나는 결재권 등 모든 재정권을 신도들에게 맡기고자 했다. 그렇게 해서 스님들이 완전히 돈에서 손을 뗄 때 제대로 개혁된다고 생각했다. 하지만 절집 내 분위기가 좋지 않았고 조계종 중앙종회에서 봉은사 직영에 찬성하는 표가 많이 나오는 데도 큰 영향을 미쳤다.

종교가 사회에서 빛과 소금이 되려면 적어도 돈 문제에서 만큼은 깨끗해져야 한다. 그래야 절집에서는 큰 절을 차지하기 위해 싸우지 않을 것이고, 교회는 세습한다고 소란이 일어나는 일도 없을 것이다. 종교가 물질에 물드는 것은 바깥세상이 물드는 것보다 더 심각하다. 정신이 썩는 일이기 때문이다. 종교가 돈에 물들면서 절이나 교회는 커지고 있다. 거기에는 세금도 많이 들어간다. 종교 단체들이 무얼 한다고 세금을 받아다 쓰는지 깊이 고민해야 한다. 종교가 과연 그럴 만한 사회적 역할을 하고 있을까. 그런 역할도 못하면서 세금을 받아 큰 건물을 짓는 것은 세금 낭비고 사회적 범죄행위나 마찬가지다.

종교인 과세에 부정적 반응을 보이는 것도 문제다. 세금이 있어야 도로도 놓고 학교도 짓고 복지도 한다. 절과 교회가 세금을 내지 않는 건 옳지 않다. 세금을 받아쓰려고 갖은 로비와 압박을 하면서 왜 세금 내는 데에는 소극적일까. 종교가 사회의 지도자 집단이라면 오히려 더 내자고 하는 게 옳다.

지금 종교 집단은 자기 것을 지키는데 혈안이 된 이익집단으로 전락하고 있다. 이는 스스로 정신적 영역의 종교 집단이 아니라 세속적 영역의 이익 집단이라고 인정하는 꼴이다. 나락으로 떨어지는 짓이고 스승의 가르침을 욕보이는 짓이다.

세월호 참사가 있었을 때 프란치스코 교황님이 한국에 왔다. 그분은 말씀하셨다.

"고통 앞에 중립은 없다."

큰 울림과 위안을 준 말이다. 스스로는 검약하면서 세상의 고통을 향해서는 기꺼이 베푸는 모습을 보며 나는 부끄러웠다. 2018년 벽두에는 신년연하장에 제2차대전 당시 원폭 피해를 입은 소년의 사진을 직접 골라 실음으로 세계에 평화 메시지를 전달하기도 했다. 이 역시 커다란 울림을 준다.

어려운 이웃을 돕고 우는 사람의 눈물을 닦아주는 게 종교라고 생각한다. 그렇지 않으면 종교가 무슨 까닭으로 존재해야 할까. 현세에 복을 빌어주고 죽으면 좋은 곳으로 보내주는 게 종교라고? 현세의 복을 빌어준다는 건 조금만 생각해보면 말이 안 된다는 걸 알게 된다. 부처와 예수가 사람을 차별하겠는가? 그런 말은 그분들을 욕보이는 말이다. 종교인들이 지어낸 술수일 뿐이지 그분들의 뜻도 말씀도 아니다.

내세에 좋은 곳으로 보내준다는 것도 마찬가지다. 중세에 종교개혁이 일어난 까닭은 면죄부 장사 때문이었다. 평소 나쁜 짓하고 산 사람이 사십구재 지낸다고 극락에 가는 건 아니다. 어느 대형 목사의 말처럼 사기치고 잘못해도 십일조만 내면 죄가 사해지고 천국에 갈까. 그렇지 않다. 만일 그렇다면 그런 종교는 거대한 사기 집단이다. 자기가 한 만큼 죄를 받고 복을 받아야지 자기가 하지 않고 그저 제사 지내고 돈 낸다고 죄가 없어진다면 그게 정상적일까? 결코 부처와 예수도 동의하지 않을 것이다.

현세의 복을 빌어주는 것도 내세에 극락을 보내주는 것도 아니면 종교는 무슨 일을 할 수 있을까. 바른 삶을 위한 계율도 마찬가지다. 어느 종교든 계율은 비슷하다.

'살인하지 말라.' '도둑질하지 말라.' '거짓말하지 말라.'

올바르게 살라는 가르침인데 이 가르침이 꼭 종교 안에서만 가능한 일은 아니다. 종교를 믿는 사람도 흉악한 짓을 일삼는다. 믿지 않은 사람도 착하고 바르게 살 수 있다. 그 때문에 종교의 본질은 계율이 아니다.

종교가 필요하다면 딱 하나다. 어렵고 힘든 사람과 함께할 때다. 사랑과 자비의 실현이 바로 그것이다. 나는 종교를 '고통에 함께함'이라고 정의한다. 아픈 이와 함께하고 그들의 눈물을 닦아주는 일을 하지 않는다면 스스로 노동하지 않는 종교인들이 밥 먹고 살 까닭이 없다.

공짜 밥 먹고 세상을 위해 그 역할을 하지 않으면 종교인들부터 맨 먼저 지옥에 갈 것이다. 그래서 옛 어른들이 팔만사천 지옥, 중들이 아니면 채울 수 없다고 한지도 모른다.

역사가 전당포냐?
자꾸 맡기게

배우 나문희 선생이 열연한 「아이 캔 스피크」는 묻어두었던 과거사를 감동적으로 그려냈다. 우리는 일본과 해결해야 할 문제가 많다. 특히 과거사에 대해 우리는 일본에게 반성을 요구한다. 일본의 생각은 어떨까. 위안부 문제에 대한 입장에서 보듯 이미 끝난 일이라고 생각할 것이다. 그런데 한 걸음 더 들어가 그들의 속내를 들여다보면 우리를 비웃고 있을 것 같다. "너나 잘하세요." 하면서 말이다.

우리나라는 단 한 명의 친일파도 청산하지 않았다. 심지어 친일파 후손들은 얼마 전까지 국가를 상대로 땅을 돌려달라고 소송까지 벌였다. 대표적 사례가 2011년 친일파 송병준의 증손 송돈호가 정부를 상대로 낸 '조상 땅 찾기' 소송이다. 그해 대법원이 상고를 기각하면서 일단락되긴 했지만 비슷한 일들이 지속적으로 반복되고 있다. 같은 해 3월에는 친일파 민영휘, 민병석, 이정호의 후손 예순네 명이 '친일반민족행위자 재산의 국가 귀속에 관한 특별법'상 '친일 재산 추정 및 국가 귀속' 조항에 의한 재산권 소급 박탈은 위헌이라며 소송을 내기도 했다. 이 역시 헌재에서 합헌이라는 결정을 내려 친일파 후손들을 좌절시켰다.

이처럼 잘못을 저지른 자들은 사죄하지 않는다. 일본이 그렇고, 광주 학살을 주도한 전두환과 노태우가 그렇고 친일파와 그 후손들이 그렇다. 이들 두 전직 대통령은 군인들에게 학살을 지시한 적 없다며 발뺌하고 있다. 손바닥으로 하늘을 가리는 격이다. 자기 행위는 그림자처럼 따라다닌다. 자신의 죄는 진정한 참회가 없는 한 결코 숨길 수도 지울 수도 없다.

2015년 여름 일주일간 구수정 박사와 송필경 선생 등과 함께 사십 년 만에 베트남 평화기행을 했다. 베트남 역사 현장을 두루 돌아봤다.

베트남 중부 꽝응아이성 빈호아 마을 입구 언덕에는 한국군 증오비가 세워져 있었다.

"하늘에 가닿을 죄악 만대를 기억하리라. 한국군들은 이 작은 땅에 첫발을 내딛자마자 참혹하고 고통스러운 일들을 저질렀다. 수천 명의 민간인을 학살하고, 가옥과 무덤과 마을들을 깨끗이 불태웠다."

나는 비문을 보며 가슴이 미어졌다. 오죽했으면 저런 문구를 새겨 넣었을까.

1966년 12월 5일 새벽 다섯시 출라이 지역에 주둔하고 있던 해병대 청룡여단 한 개 대대는 빈호아 마을을 습격했다. 입구 쪽에 있던 지름 십 미터쯤 되는 폭탄 구덩이에 주민 서른여섯 명을 몰아넣고 총알을 퍼부었다. 다음 날에는 근처 꺼우 마을을 습격해 중화기와 수류탄 등으로 이백칠십삼 명을 학살했고, 이웃 마을 찌호아에서 열두 명을 더 살해했다. 응옥흐엉 마을에서는 팔십 세 노인의 머리를 들판 한가운데 매달아놓기도 했다. 증오비에는 그 당시 희생자들의 이름이 있다. 모두 사백삼십 명. 그 가운데 이백육십팔 명이 여성이었다. 백팔십이 명이 어린아이다. 여성 중 일곱 명은 임산부였다. 누군가는 강간당한 후 목이 잘렸다.

조사에 의하면 베트남전에서 한국군이 자행한 민간인 학살은 약 팔십 건 가량이다. 희생자는 모두 구천여 명 정도다. 하지만 현장조사를 할 때마다 추정치는 계속 늘어나고 있다. 베트남 정부는 한국과의 관계를 고려해 문제 제기를 강하게 하고 있지는 않다. 베트남과 한국은 교류가 활발하고 현지에 진출한 한국 기업들이 베트남 경제에 차지하는 비율이 무척 높은 탓이다.

나는 베트남 학살 현장을 돌아보면서 엎드려 용서를 빌었다. 그리고 피해자와 그 후손을 위해 위령했다. 그게 전부였다.

베트남 사람들이 문제를 제기하지 않는다고 이 문제가 사라지는 것은 아니다. 우리 행위 또한 그림자처럼 따라다닐 것이다. 우리가 일제의 만행에 대해 사과를 요구하는 것처럼 똑같은 이유로 베트남에 대해 진심어린 사과를 해야 한다.

미라이 학살 현장을 기록한 박물관에 갔을 때다. 잔혹한 학살 현장을 보는 것은 고통스러웠다. 그러나 외면할 수 없다는 생각으로 해설사들의 말을 경청했다. 해설사가 말했다.

"베트남 사람끼리 하는 말인데요. 학살을 당할 거면 차라리 미군에게 당하는 게 낫다는 말이 있습니다."

학살 이후 미국은 잘못을 인정하고 사과했다. 지금도 미라이 학살이 일어난 날 많은 사람이 찾아와 사과의 말을 전한다고 했다. 그런데 우리는 우리가 저지른 학살을 부정하고 있다.

우리 정부가 공식적으로 사과해야 한다. 참전 군인도 그때의 잘못을 반성해야 한다. 그것이 우리가 고통에서 벗어날 수 있는 길이다. 베트남전의 죄악은 우리 모두의 책임이다. 베트남전에서 벌어들인 달러로 우리 경제를 일으켰다고 공공연하게 자랑하는 이들 또한 반성해야 한다.

겨울비가 부슬부슬 내리던 1970년 12월, 브란트 독일 수상은 폴란드 바르샤바의 유대인 게토를 방문했다. 브란트 수상은 그 날 추모비 앞에 헌화한 후 비에 젖은 바닥에 무릎 꿇고 사과했다. 이날의 '무릎 사과'는 계획된 일도 아니었다. 그는 나치에 저항한 레지스탕스였다. 평생을 사회주의자로 살아온 사람이었다. 하지만 브란트는 독일 국민을 대신해 무릎 꿇고 사과했다.

2012년 대선 당시 박근혜는 인혁당 사건 등 박정희가 저지른 만행에 대해 "역사에 맡기자"고 했다. 그때 내가 말했다.

"역사가 무슨 전당포냐. 자꾸 맡기자고 하게!"

역사는 외면할 수 없는 실체다. 세월이 흘러 언젠가 잊히겠지만 우리가 인간이라면 잊어선 안 된다. 진실로 고통과 상처의 역사를 극복하려면 사과와 반성을 통해 상처를 씻어내야 한다. 그래야 화해가 가능하고 미래를 함께 걸어갈 수 있다. 이는 피해자들을 위한 것만이 아니다. 가해자인 우리 역시 역사의 희생자이기 때문이다.

독일은 수도 베를린 중심부에 홀로코스트 추모공원을 조성했다. 여러 기념탑이 있지만 내가 특별히 기억하는 것은 하르부르크 남쪽에 세운 조형물이다. 조각가 요헨 게르츠가 1986년에 작업한 이 탑은 사방 일 미터 높이 십이 미터의 단순한 형태로 설계되었다. 특이한 것은 이 탑이 매년 이 미터씩 땅속으로 침하하는 점이다. 또한 나치에게 당한 고통을 탑 표면에 쓰게 했다.

수많은 시민이 나치에게 받았던 박해와 고통을 탑에 적었다. 투박한 탑 위에 '기억'이 새겨지면서 탑의 표면은 분노, 슬픔, 고통 등의 글로 뒤덮였다. 그리고 1993년 고통이 몸에서 떨어져나가듯 탑은 땅속으로 사라졌다.

요헨 게르츠는 말했다.

"불의에 대항하는 것은 탑이 아니라 우리 자신이어야 한다."

결국 구조물은 무너질 수밖에 없다. 영원한 것은 그것을 기억하는 것이며 그 기억만이 진정한 행위다.

나는 사십 년 만에 베트남에 갔다. 비오는 땅바닥에 엎드려 참회의 절을 올렸다. 모르고 한 죄는 반복될 수 있다. 우리의 역사가 증명한다. 베트남 사람을 향했던 총부리가 광주 시민들을 향해 불을 뿜었다.

국가의 주인은 국민이다. 국가의 과오는 나와 무관하지 않다. 함께 반성하고 참회하여 역사의 올바름을 넘어 인간의 올바름을 세워야 한다. 나는 대한민국이 떳떳해지길 바란다.

천국 가본 사람 없다

제이미 유이스 감독의 영화 「부시맨(The Gods Must Be Crazy)」
은 아프리카 칼리하리 사막에 사는 소수 인종의 삶을 익살스럽
게 보여준다. 1980년에 제작된 이 영화는 우리나라에도 많이 알
려졌다. 부시맨은 칼리하리 사막에 사는 소수 인종을 가리키는
데 이들은 때 묻지 않은 인간성을 가지고 산다. 그러던 어느 날
부시맨의 마을 위를 날던 경비행기 조종사가 다 마신 콜라병을
땅 밑으로 던진다. 난데없이 하늘에서 떨어진 콜라병을 처음 본
부시맨은 신이 보낸 물건이라고 생각해 깍듯이 모신다.

콜라병을 신이 내린 물건이라며 신주단지 모시듯 소중히 하는
부시맨의 모습을 보며 우리는 우스꽝스럽다고 생각한다. 하지
만 부시맨은 어리석지 않다. 그들은 먹고살기 위해 동물을 사냥
하지만 독화살을 맞은 동물이 죽어갈 때 마지막 순간을 지켜본

다. 동물이 고통에 울부짖을 때 같이 울고, 몸을 떨 때 같이 떨며 죽음의 고통에 동참한다. 북해도 아이누 족도 동물을 사냥하러 갈 때 항상 감사하는 마음을 담아 제사를 지낸다. 사냥 후에도 감사 의식을 치른다. 마치 당연한 듯 다른 생명을 잡아먹지 않는다.

우리는 '부시맨'을 미개하다고 여긴다. 야만인이라고 비하하기도 한다. 전통 의식을 미신이라고 비난한다. 그런데 만일 원주민들이 신처럼 모시는 태양이 어느 날 사라진다면 우리는 어떻게 될까.

지구의 평균 기온은 섭씨 15도 정도다. 만일 내일 태양이 사라진다면 지구는 어떻게 될까? 섭씨 영하 15도가 된다. 사흘 뒤에는 영하 40도가 되어서 모든 학교에 휴교령이 내려질 것이다. 나흘이 지나면 영하 80도가 된다. 거리의 자동차들은 시동이 걸리지도 않고 모든 건물의 물은 얼어버릴 것이다. 일주일만 지나면 영하 173도로 살아 있는 생명은 거의 없을 것이고 특히 인간은 절멸하게 될 것이다. 산소는 액체가 되고 모든 생명체는 응고될 것이다. 일주일 만에 말이다. 그러니 우리가 체험할 수 없는 신들에게 기도하는 것보다 태양과 같은 자연에 보내는 경배가 훨씬 현실적이고 현명해 보인다.

불상 앞에서 절도하고 기도하는 불교인을 우상숭배한다고 말하는 기독교인들도 있다. 우상은 어리석은 것을 의미한다. 부시 맨이 콜라병을 모시는 것도 아마 우상숭배일 것이다. 그럼 우리가 예배드리고 경배드리는 불상이나 성모상, 십자가에 못 박힌 예수의 모습은 얼마나 다를까?

중국의 단하 선사가 만행(卍行) 다닐 때의 일이다. 길을 가다 날이 어두워져 가까운 절에서 하루를 묵었다. 절집에는 나그네 스님들이 묵어 갈 수 있는 객실이 있는데 비워두다 보니 꽤 추웠던 모양이다. 절에 장작이 없지는 않았겠지만 단하 선사는 법당에 올라가 불상을 손으로 똑똑 두드려 봤다. 소리가 청명한 것이 목불이었다. 그 길로 단하 선사는 불상을 들고 내려와 그것을 장작 삼아 군불을 때고 하룻밤 따뜻하게 잤다. 다음 날 새벽 절에 있는 스님들이 법당에 예불을 드리러 갔는데 '부처'가 없어진 것이었다. 노발대발한 주지 스님이 어떻게 된 일이냐고 대중 스님들께 묻자 한 스님이 말했다.

"어제 객실에서 장작 쪼개는 소리가 들렸는데……."

스님들은 곧장 객실 앞으로 가보았다. 정말 장작을 팬 흔적과 아궁이에 타다가 만 나무 조각이 있었다. 분명 목불이었다.

화가 난 주지 스님은 객실 문을 벌컥 열고 단하 선사를 깨웠다.

"스님이 그랬소?"

단하 선사가 천연스럽게 답했다.

"아이고, 주지 스님. 날이 추워서 몸 좀 녹이려고 한 건데 뭘 그리 야단을 치시오."

그 말을 듣고 더 화가 난 주지 스님이 단하 선사를 다그쳤다.

"천하에 죽일 놈! 아무리 추워도 그렇지. 어찌 부처님의 제자가 부처님을 쪼개서 군불을 땔 수 있느냐!"

"아, 그렇소? 어제 내가 부처님을 화장했네. 그럼 사리가 나왔을 것이니 찾으러 갑시다."

"야, 이놈아! 목불에서 무슨 사리가 나오겠느냐."

그 순간 단하 선사는 일갈했다.

"사리도 나오지 않는 것을 어찌 부처라 할 수 있겠는가? 목불은 불을 견디지 못하고 철불은 용광로를 이기지 못하고 진흙불은 물에 녹아나니 어떤 게 참 부처인가?"

어떤 게 참 부처이고 참된 예수인지 묻지 않고 그저 그 앞에서 경배한다면 불상이나 성모상이나 십자가에 못 박힌 예수상이나 모두 부시맨의 콜라병과 다름없다.

우리는 물어야 한다. 어떤 게 참인가. 묻지 않고는 제대로 믿을 수 없다. 그런데 종교는 무조건 믿으라고만 한다. 믿음이 깊어야 제대로 신앙생활한다고 한다.

무조건 믿는 것이 맹신이고 어리석게 믿는 것이 우상숭배다. 옷 한 벌 살 때도 바느질이며 감촉이며 색감 등을 다 따진다. 콩나물 한 봉지를 살 때도 이리저리 살핀다. 그런데 삶의 의지처가 될 종교를 왜 따져보지 않고 믿을까. 나는 의심하고 질문해야 한다고 생각한다. 오히려 의심이 깊을 때 제대로 된 신앙생활을 할 수 있다고 믿는다.

'종교(宗敎)'라는 단어는 19세기 일본 학자들이 서양에서 넘어온 기독교 같은 다양한 종교를 설명하면서 만든 단어다. 그들은 종교를 마루 종(宗), 가르칠 교(敎)라고 명명했다. 최고의 가르침이라는 의미다. 아무리 묻고 따져봐도 그만한 가르침이 없다는 의미기도 할 것이다. 그런 가르침이라면 믿지 말라고 해도 믿을 것이다. 그러니 더 따져보고 의심하고 분석하라는 것이다. 그래야 반석 같은 믿음이 생긴다.

나는 불교가 부처의 가르침을 보지 못하게 하고, 기독교가 예수의 가르침을 보지 못하게 한다고 생각한다. 종교는 사람들을 올바른 길로 인도해야 한다. 오늘날 종교는 사람들을 어리석게 만든다. "우리 종교가 최고다, 다른 종교는 우상이고 잘못된 것이다"라고 말한다. 사람들을 어리석게 만들어야 잘 따르기 때문이다. 돈을 내라면 돈을 내고 이리 가라면 이리 간다. 비리에 연루된 종교인들이 부끄러워하기는커녕 후안무치하게 신도들을 보내 언론사 앞에 가서 항의하게 하는 경우가 그렇다. 종교 때문에 패가망신한 경우도 많다. 절이나 교회에 다니느라 집안일을 내팽개치는 사람도 있다. 종교에 귀의하면 삶이 아름다워져야 하는데 오히려 외골수로 빠져든다면 그것은 눈의 귀를 가리는 것이고 어리석은 중생으로 만드는 것이다.

종교가 중생들을 제도하는 것도 마찬가지다. 스스로 바른 길을 갈 수 있도록 도와야 한다. 우리가 아이들에게 고기를 잡아주는 것이 아니라 고기 잡는 법을 가르쳐야 하듯이 스스로 진리를 찾을 수 있는 밝은 눈을 주어야 한다.

게다가 종교는 "툭하면 죄받는다, 지옥 간다"고 한다. 그렇게 말하는 승려나 신부, 목사 가운데 극락과 지옥에 가본 사람이 어디 있나. 자기들도 가보지 않은 곳을 보낸다, 만다하는 것도 우스운 일이다. 그리고 만약 지옥이 있다고 믿는 종교인들은 죄짓지 못할 것이다. 자신 믿지 않는 지옥을 신도들에게 말하는 것은 합리적이지도 어불성설이다.

오늘날 종교는 사람들을 '깨인 존재'가 되게 하는 게 아니라 자기 교리나 집단에 충실한 종(從)으로 기른다. 그렇기에 마르크스는 종교를 아편이라고 했다.

종교는 사람들을 바르게 살게 하고 행복하게 해줘야 한다. 눈 뜨게 하는 가르침이어야 하지 눈멀게 하는 아편이 되어서는 안 된다.

머릿속의
분단부터 깨부수자

우리 현대사를 돌아보면 종교가 고통받는 국민들의 편에서 나름 역할을 했다. 특히 노동문제나 민주화 운동에서 이웃 종교인 개신교나 천주교가 큰일을 했다. 그에 비해 불교는 호국불교라는 미명하에 친정권적 행보를 많이 보였고 국민들의 고통을 외면했다. 불교는 권력 앞에 약했다. 그래서 우리 민족과 함께 숨쉬어온 종교인 불교가 민족문제와 통일문제에서만은 앞장서야 한다는 고민으로 1988년 '대승불교전국승가회'를 만들었다.

처음 공개하는 사실이지만 그 무렵 실제로 화엄사 종태 스님을 북쪽에 보내는 계획을 세우고 추진했다. 지금은 입적했지만 그때 계획대로 종태 스님이 방북했다면 어떻게 되었을까. 아마도 문익환 목사님보다 먼저 평양 땅을 밟았을지도 모른다.

북쪽에서도 기독교보다 불교에 더 호감을 가졌다. 나는 민족

화합불교추진위원회나 조계종 민족공동체추진본부장 등을 맡으면서 불교 내에서 남북 교류 활동을 열심히 했다.

1988년 문학평론가 염무웅 선생의 권유로 유럽을 방문하여 유럽에서 활동한 민주화 인사들을 많이 알게 됐다. 윤이상 선생과는 남다른 인연을 맺었고 자연스레 '윤이상평화재단' 일에도 함께했다. 윤이상 선생이 불교에 많은 관심이 많았던 터라 더 자별했다.

북쪽에서도 윤이상 선생은 각별한 사람이다. 북에 윤이상 관현악단도 있다. 나는 윤이상 관현악단에 악기를 지원하기도 했다. 그들은 감사의 표시로 평양에 갔을 때 나를 비롯한 다섯 명 앞에서 특별한 공연을 해줬다. 하지만 솔직히 힘들었다. 윤이상 선생의 고차원적인 음악은 나한테는 너무 어려웠다. 공연을 몇 시간 듣는데 졸음이 쏟아져서 혼났다.

남북이 함께하는 잡지 『민족21』 기자들과도 가까이 지냈다. 가끔씩 밥도 같이 먹고 후원도 했다. 박봉이면서 남북 화해를 위해 뛰는 젊은 청년들이 나로서는 참 대견하기도 하고 고맙기도 했다.

그러던 어느 날 『민족21』 기자들이 나를 찾아와 발행인을 맡아달라고 부탁했다. 발행인이던 강만길 교수가 '친일진상규명위원회' 위원장이 되면서 발행인을 맡을 수 없게 된 탓이었다. 기자들은 "이름만 올려주시면 다른 일은 저희가 다 하겠습니다"고 했다. 그 말에 속아 덜컥 『민족21』 발행인을 맡아 평양이나 일본의 총련 등에 같이 취재차 다니며 팔자에도 없는 언론인 역할을 했다.

이명박정부 시절 남북관계가 차단되어 『민족21』은 무척 심한 경영난에 시달렸다. 후일 들어보니 기자들 월급은 고사하고 인쇄비도 없어 여기저기 손 벌리고 다녔다고 한다. 그 시절 봉은사 주지를 맡고 있었지만 그리 큰 도움을 주지 못했다. 그런데도 나는 그들을 다그쳤다.

"아무리 힘들어도 그렇지. 우리가 어떻게 이명박 시절에 문 닫을 수 있냐?"

기자들은 순순히 내 말을 따랐다. 2011년 이명박정부는 『민족21』을 간첩 집단으로 낙인찍으려고 했다. 그때 나는 기자들을 모아놓고 물었다.

"정부에서 말하는 게 사실이냐? 불법적인 행위를 한 게 있느냐? 솔직하게 다 얘기해봐라."

기자들은 말했다.

"사실과 전혀 다릅니다. 법 절차에 따라 취재 활동을 했어요. 통일부 등 관계 당국과 지속적으로 협의하며 일하고 있습니다."

나는 그 길로 긴급 기자회견을 열어 원세훈 국정원의 부당한 간첩 조작을 폭로했다. 원세훈은 그 일이 있기 불과 다섯 달 전에는 봉은사 후임 주지에게 압력을 넣기도 했다. 이를 내가 공개했고 국정원과도 맞서게 됐다. 그때 국정원은 사실무근이라며 나를 명예훼손 등으로 고발하겠다고 했다. 나는 법정에서 만나자고 했다. 그들은 결국 소송을 걸지 않았다.

이명박과 원세훈은 나를 한 번 손봐야겠다고 생각한 모양이었다. 2018년 3월 이명박 소유 영포빌딩에서 발견된 문건에는 나에 대해 '막가파'라 칭하며 전략적 대응을 강구하겠다고 적혀 있었다. 첫 책 『스님은 사춘기』 출판기념회나 봉은사를 나온 뒤 만든 '단지불회' 사무실에 보수 단체 회원들이 몰려와 시위했고 나를 비판하는 인터넷 게시물이 엄청나게 쏟아졌다. 특히 노무현 전 대통령 영결식에 참석한 후 이명박정부가 나를 광범위하게 사찰하고 손보려고 한다는 소문이 여기저기서 들려왔다. 나와 인연이 있던 이명박정부 쪽 몇몇 지인들은 절대 혼자서 등산 가지 말라고 당부까지 했다. 그 결정판이 『민족21』과 나를 간첩으로 만들려고 했던 일이다.

긴급 기자회견에서 나는 말했다.

"국가정보원이 아니라 국가망신원으로 이름을 바꿔라."

'이명박근혜' 시대에는 내 주변에 있다가 보이지 않게 고통받은 사람이 많다. 국가라는 이름으로 이뤄진 폭력이다.

그래서 국정원이 증거를 조작해 간첩으로 만들려고 했던 서울시 간첩단 사건인 유우성씨 사건이 남일 같지 않았다. 몇몇 지인들과 사소한 도움을 주기도 했다. 아직도 그런 일이 있느냐고 생각하는 사람도 많다. 2013년 유우성씨를 간첩으로 만드는데 국정원과 검찰이 공모했으니 국가가 나서서 증거를 조작해서 간첩으로 만들려고 했던 거다. 이게 불과 몇 년 전의 일이다.

1989년 통일을 이룩한 독일은 2차세계대전 후에 분단됐지만 1950년부터 교류가 있었다. 물론 제한적이기는 했다. 그러나 그런 교류가 계속됐기 때문에 서로의 이질성이 적었다. 그런데 남북은 이질적인 세계가 되어 있다. 피 한 방울 안 섞인 사회주의 국가 중국과도 잘 지내고 있는 우리나라인데, 북쪽과는 원수처럼 지내고 있다. 핵무기가 있어서 그렇다고? 중국에는 핵무기가 없고 전쟁을 일으키고 우리 민족을 말살한 일본은 괜찮나? 대결과 증오를 부추기면서 이 분단을 유지해야 하는 세력들이 있기 때문에 제대로 된 교류를 못하고 있는 것이다.

남쪽 입장에서 보면 이해할 수 없는 북쪽 입장도 있다. 북쪽도 그렇다. 이를테면 남쪽에서 볼 때 북쪽의 핵무기가 문제라고 한다면, 북쪽에서 볼 때는 남쪽에 미군이 주둔하며 한미합동군사 훈련을 하는 게 문제다.

벌써 분단 칠십 년이 지났다. 세계의 화약고가 된 남북은 지금 엄청난 비용을 군사비에 쏟고 있다. 그만큼 많은 무기를 가지고 있다. 무기는 아무 것도 생산하지 못한다. 보유하는 것 자체로 돈이 든다. 분단은 본질적으로 생산적이지 않고 소모적인 상태다.

1990년대부터 시작된 남북 교류는 남북이 서로 협력할 경우 훨씬 더 나은 미래를 만들 수 있다는 걸 보여줬다. 남쪽의 기술력으로 북쪽의 지하자원을 개발하거나 러시아의 가스관을 남쪽으로 연결하는 것 등은 허황된 전망이 아니다.

그동안 우리는 북쪽에 요구해왔다.

"개방하라. 개혁하라."

이 주장이 과연 그들에게만 해당되는 것일까. 이 주장은 우리에게도 향해야 한다. 손뼉은 마주쳐야 소리가 난다. 답답하게 분단에 갇혀 사고하는 모습이 우리에게도 있다. 서독은 먼저 동독의 방송을 국민이 볼 수 있게 개방했다. 동독과 서독의 국민이 서로 만날 수 있게 개방했다. 특히 헝가리의 휴양지 발라톤 호수는 서독과 동독 사람이 분단된 상황에서도 만날 수 있는 만남의 장소 역할을 톡톡히 했다.

우리가 먼저 문호를 열고 북쪽 문화를 받아들여야 한다. 북쪽 TV와 신문을 본다고 나라가 뒤집어지지 않는다. 우리 국민은 이미 성숙되어 있다.

1960년 4·19 혁명이 났을 때 구호가 "가자 북으로, 오라 남으로 만나자 판문점에서"였다. 그 판문점에서 남북정상회담이 열렸다. 진인미답의 길이다. 김정은 국방위원장과 트럼프 미국 대통령의 파격 그리고 문재인 대통령의 신중함이 만나 엄청난 역사를 만들고 있다. 시대가 사람을 만들기도 하지만 사람이 시대를 만들기도 한다. 잘못된 권력을 탄핵시킨 위대한 역사를 만든 국민, 우리가 선택한 지도자가 잘 이끌어가고 있는 셈이다.

판문점에서 남북 두 정상의 만남, 이로써 전쟁과 갈등의 시대를 끝내고 평화와 공존의 시대로 분명한 걸음을 뗐다. 모든 게 우리의 상식, 상상력을 뛰어넘는 발걸음이다.

설렘과 흥분도 있지만 불안과 주저함을 느끼는 분들도 많은 것 같다. 다른 문제들은 자유롭게, 편하게 바라보고 생각하는데 남북문제, 북쪽에 대해 생각할 때면 왜 그렇게도 굳어지는 건 뭘까. 분단이란 감옥이 우리 머릿속에 있기 때문이 아닐까. 눈에 보이는 철책선보다 먼저 우리 가슴에 삐죽삐죽 둘러쳐진 철책선을 걷어내야 한다. 분단이라는 고정관념을 깨고 자유롭게 상상하는 세상을 만들 때가 왔다.

만나야 한다. 그 역할을 선도적으로 해야 할 집단이 정치 집단이다. 정치집단은 서로 싸우기만 하고 있다. 정치인은 싸우는 사람이 아니라 어떤 문제를 발전적인 방향으로 이끄는 사람이다. 언론 또한 노력해야 한다.

분단 문제는 우리 사회의 가장 큰 장벽이자 마지막 과제다. 우리에게 더 나은 미래가 있을까. 나는 남북 교류와 통일이 그 길이라고 생각 한다. 가장 늦은 통일을 가장 멋진 통일로 만들자고 노래했는데 지금이 바로 그 순간이다.

스님, 어떤 게 잘 사는 겁니까

초판 1쇄 인쇄 2018년 5월 8일
초판 1쇄 발행 2018년 5월 18일

지은이 명진
펴낸이 김선식

경영총괄 김은영
책임편집 최지인
책임마케터 이고은, 기명리
콘텐츠개발6팀장 백상웅 **콘텐츠개발6팀** 백상웅, 신종우, 최지인
마케팅본부 이주화, 정명찬, 최혜령, 이고은, 이승민, 김은지, 유미정, 배시영, 기명리
전략기획팀 김상윤 **저작권팀** 최하나, 추숙영
경영관리팀 허대우, 권송이, 윤이경, 임해랑, 김재경, 한유현
외부스태프 디자인 이경란

펴낸곳 다산북스 출판등록 2005년 12월 23일 제313-2005-00277호
주소 경기도 파주시 회동길 357 3층
전화 070-7607-1802(기획편집) 02-6217-1726(마케팅) 02-704-1724(경영관리)
팩스 02-703-2219 **이메일** dasanbooks@dasanbooks.com
홈페이지 www.dasanbooks.com | teen.dasanbooks.com
블로그 blog.naver.com/dasan_books
종이 한솔PNS **인쇄** 민언프린텍 **후가공** 평창P&G **제본** 정문바인텍

ISBN 979-11-306-1711-4 (03100)